「やわ筋」小顔矯正メソッド

- 頬やせ
- 頬こけ
- 目の大きさ
- 目のたるみ
- 鼻の形
- ほうれい線
- 口回り
- 首の太さ

など

松田龍逸

主婦と生活社

フェイスライン

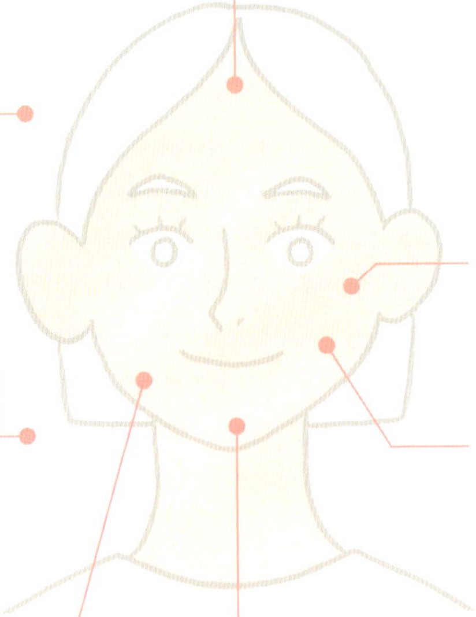

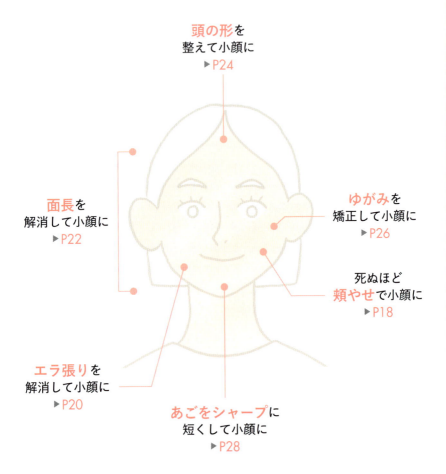

顔のパーツ

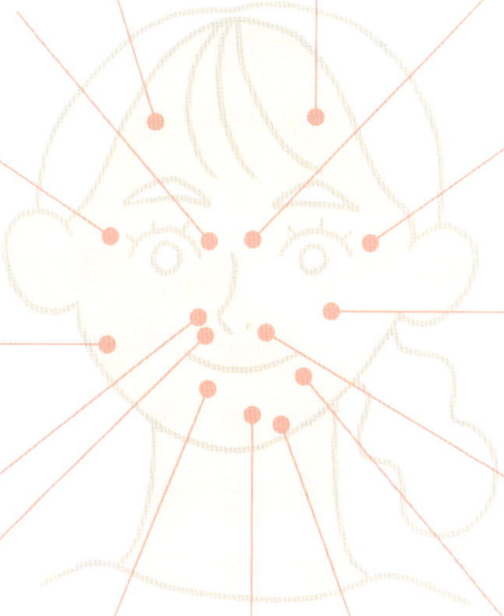

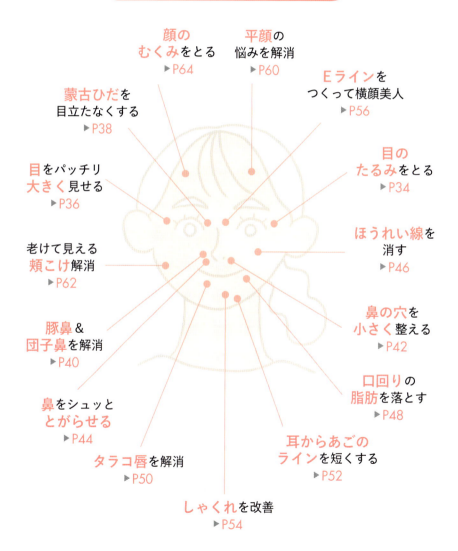

CONTENTS & INDEX

全身のパーツ

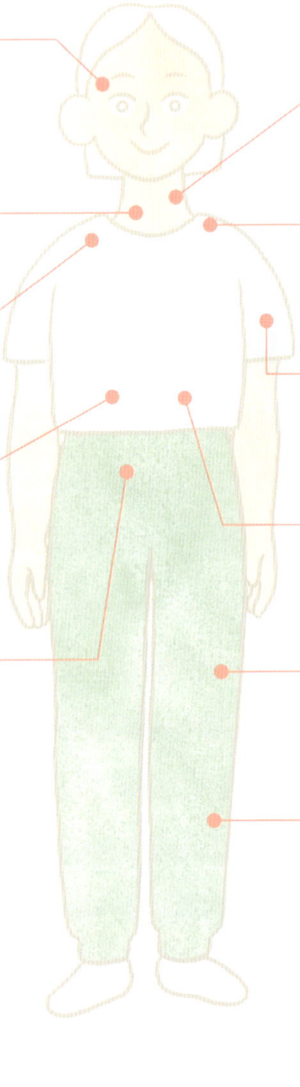

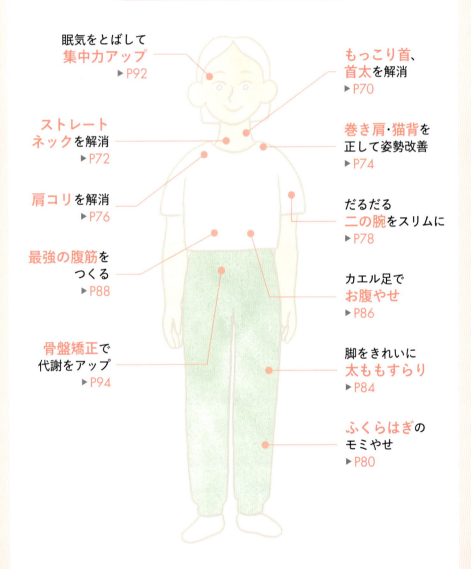

第1章 「やわ筋」セルフメソッドで〝小顔〟になる！

第2章 顔のパーツのコンプレックス解消

CONTENTS & INDEX

第3章 プラスのボディメンテで顔を引き立てる

もっこり首、首太を解消 ストレートネックを解消 …… 70

巻き肩・猫背を正して姿勢改善 …… 72

肩コリを解消 …… 74

だるだる二の腕をスリムに …… 76

ふくらはぎのモミやせ …… 78

脚をきれいに太ももすらり …… 80

カエル足でお腹やせ …… 84

絶対やせる！最強の腹筋をつくる …… 86

眠気をとばして集中力アップ …… 88

骨盤矯正で代謝をアップ …… 92

骨格をゆがめる …… 94

コラム 「体の動かし方」を改める …… 96

第4章 理想の顔にセルフ整形プログラム

ケアを継続するコツとポイントは？ …… 98

1か月プログラム 筋肉の柔軟性の変化を感じて！ …… 100

半年〜1年の長期プログラム ゆがみ、柔軟性の矯正を定着！ …… 102

ゴール（未来）を想像して理想に近づく …… 104

顔のタイプ別プログラム❶ 「四角形」フェイスラインを矯正 …… 106

顔のタイプ別プログラム❷ 「ベース形」フェイスラインを矯正 …… 107

顔のタイプ別プログラム❸ 「ダイヤ形」フェイスラインを矯正 …… 108

顔のタイプ別プログラム❹ 「たまご形」フェイスラインを矯正 …… 109

松田さんの毎日セルフケア〜1日1ケア〜
https://www.youtube.com/@mainichiseitai

YouTubeで顔、体のセルフケア術を発信中。「死ぬほど頬やせ」などの動画がバズって登録者は22万人超。松田さんの「骨格矯正＆筋肉トレーニング」メソッドが動画で見られます！

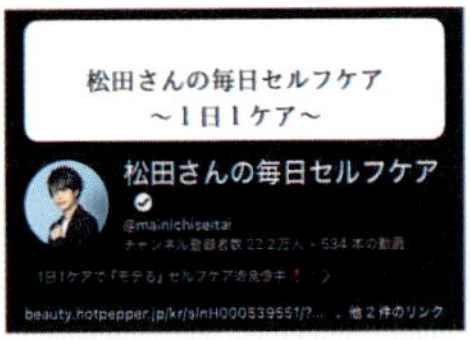

はじめに

本書を手にとったあなたを
まず、ほめてあげて

いま、この「はじめに」を読んでいるあなた、本書を手にとった自分をまずほめてあげてください。「自分を変えたい」という思いを、ただ思うだけではなく行動に移したことは、素晴らしいことです。そして、1つでも2つでも本書のエクササイズを実行できたなら、もっともっと自分をほめてください。小さな行動でも実行するのは結構大変なことです。ほめて、ほめまくって自分のモチベーションを上げ、エクササイズを継続してあなたのコンプレックスが解消できたなら、私にとってもうれしいことです。

私自身、「美容を手助けする整体をやりたい」という思いからYouTubeを始め、それをきっかけとしていろんな方との縁がつながり、いまは「小顔整体サロン」を経営するまでになりました。「YouTubeで動画配信する」という行動が、人生を大きく変えたと言っていいと思います。“小さな行動が人生を変える”のです。

本書のエクササイズを1日1ケアでも続ければ、実際に自分が変化していく過程を実感できるはずです。その実感はメンタルを変えます。成功体験は自信をもたらし、自己肯定感が上がり、ものの考え方や受け止め方も変わってきます。「毎日が明るい気持ちで過ごせる」「外出が楽しくなった」「人と会う、おしゃべりするのが喜びになった」など、YouTubeを見た方々やお客様から「人生が変わった」という声をたくさんいただいています。

エクササイズを始めるなら「今」です。なぜなら、あなた自身が一番若いときは今だからです。一番若いときが「自分を美しく変えるタイミング」です。5年後、10年後の老け方が変わりますよ。

松田龍逸

人生が変わった！
ことが小顔への第一歩！

めざせ
やわ筋！

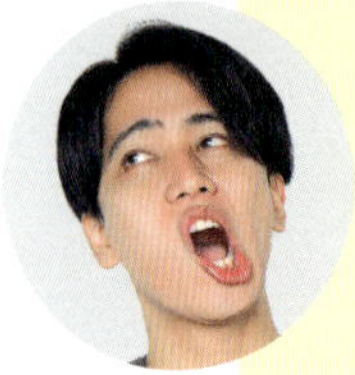

顔の老化の敵は「重力」と「自分」。顔についた脂肪は重力によってたるみ、顔の骨格も変化し、見た目を変えます。顔を覆っている表情筋を鍛えて対処しないと、「顔」にまつわるいろんな問題が生じてきます。でも、がんがん鍛えればいいのかというと、それはNG。ただの筋トレだと筋肉量もアップするので、顔のケアには不適切なのです。**大切なのは、筋肉をやわらかくすること。すなわち、「やわ筋」。**やわらかな筋肉は適度に重力に逆らい、顔の輪郭を整え、目・鼻・口のパーツを引き締めます。「それって整形じゃないと無理でしょ」というような悩みだって解決できるんです。

本書で紹介しているエクササイズはちょうどよい負荷を筋肉に与え、鍛えすぎることなく筋肉をしなやかにしていくものです。また、**土台となっている骨格を整え、ゆがみを改善する効果もある**ので、ケアをきちんと続ければリバウンドすることなく、根本から顔のコンプレックスを解消することができます。コンプレックスが1つなくなるだけで、気持ちは大きく変わります！

自信がついた!

顔の筋肉をやわらかくする

BEFORE

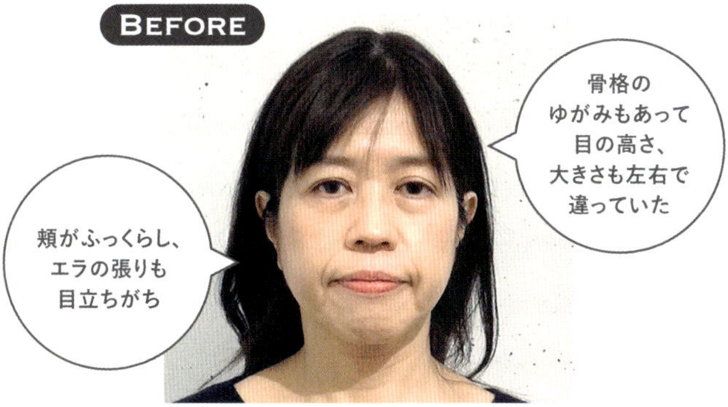

悩みのあった部位をそれぞれ1ケアだけ実施

たった一度でも驚きの効果!

AFTER

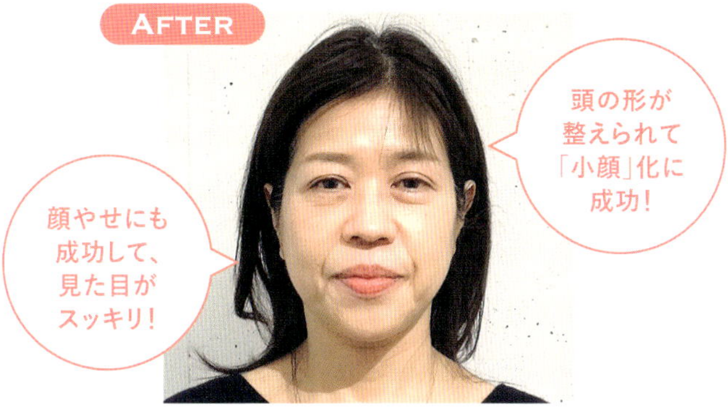

松田さんの指導のもと、悩みのあった部位にケアを実施。コンプレックスであった**頬まわりやあごのラインがほっそり**と変化！　骨格のゆがみも矯正されたため、**目、鼻、口のたるみが引き締まり、それぞれの形がハッキリした印象**に。「一度で変わってすごい！」との声をいただきました。

ケアを始める前に自分をチェック

顔

自分の顔のどこがたるみ、ゆがんでいるかを自己診断。鏡でチェックするよりも、顔写真を撮って見比べたほうが正確に判断できます！

1 CHECK 目の高さ

目の高さや位置、開き具合(大きさ)が左右同じかどうかを確認。目頭、目尻に指をあわせてチェックするとわかりやすい。

2 CHECK 頬の高さ、左右の位置

頬の高さとその形が左右同じかどうかを確認。頬骨の「出っ張り」具合もあわせてチェックする。

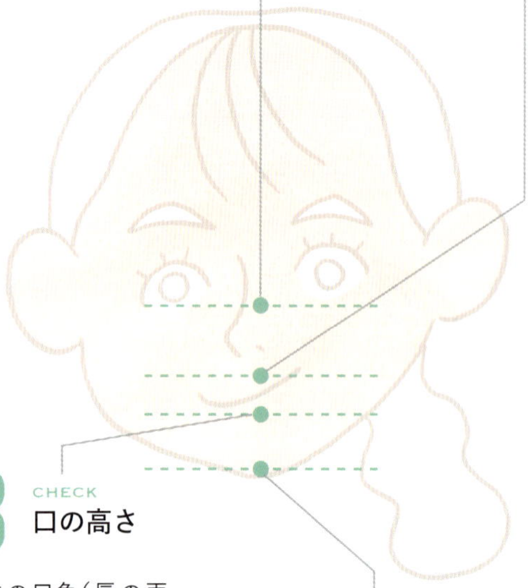

3 CHECK 口の高さ

左右の口角(唇の両端)の高さを確認。唇と鼻の間、唇とあご先の間の長さも見る。

4 CHECK あごの左右の高さ

あごのゆがみがないかを確認。筋肉がたるんでいたり、顔の骨格がゆがんでいるとあごの高さも微妙に違ってくる。

姿勢

姿勢の悪化、筋肉不足などによって首の骨、背骨、骨盤などがゆがんでくると全身のバランスが悪くなり、顔もゆがんできます。自分ではわかりづらいので、誰かに横から見てもらったり、壁を背にして立ってチェックしましょう。

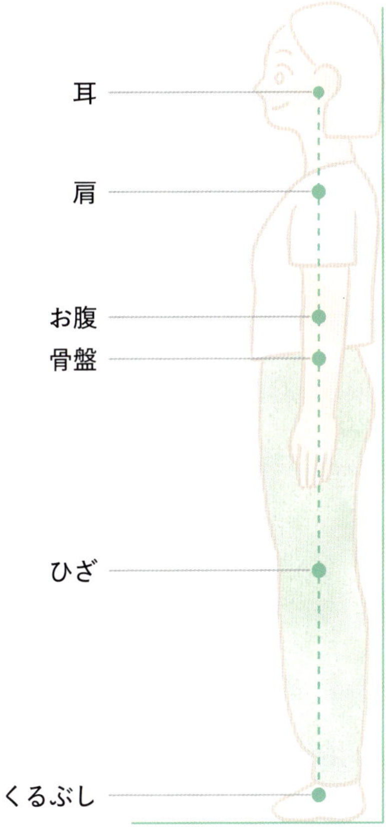

壁を背にして立ち、頭、背中、お尻、かかとがすべて壁についているかを確認。横から見たときに、**耳、肩、股関節、ひざ、くるぶしの位置が一直線に並んでいる**のが理想の立ち姿。耳が前に出ていたらストレートネック、肩が前なら巻き肩や猫背の傾向があると判断する。顔と同様に、写真を撮って確認するのもおすすめ。

表情筋を意識してセルフケア

顔の表情をつくり出す筋肉を表情筋といいます。骨についている骨格筋ではなく、皮膚についている皮筋《ひきん》であり、自分の意識で動かして喜怒哀楽の感情などを表現しています。

表情筋はほかの筋肉と同じように加齢によって衰えますが、若くても表情が乏しい人は筋肉が使われないので衰えやすいといわれています。表情筋の衰えは顔のたるみ、シワの要因になり、顔の形を変えます。

見た目を若く、美しく保つためには、きちんとケアすることが大切です。ただし、体の筋肉と違ってやみくもに鍛えて筋量を増やすのではなく、**筋肉をやわらかくするエクササイズを行わないと、かえってシワのもとになるので要注意**。表情筋をやわらかくすることで、顔の輪郭だけではなく、目・鼻・口のパーツも整えることができます。

ただ鍛えるのではなく、筋肉をやわらかく保って「やわ筋」にすることが重要！

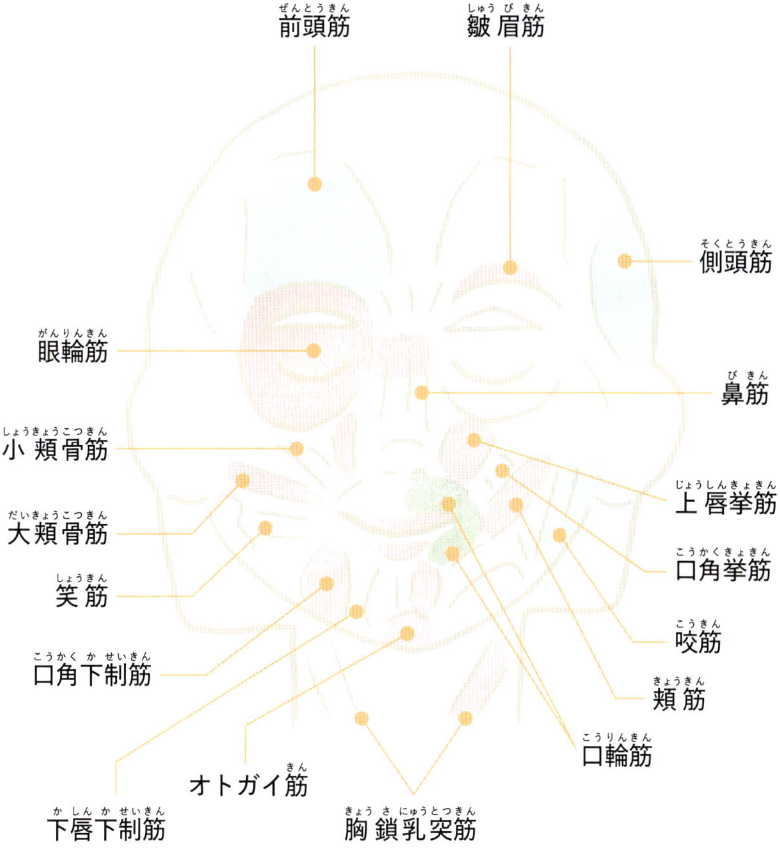

本書のエクササイズは顔全体の筋肉を刺激するように考えられていますが、頬筋、口輪筋、眼輪筋、前頭筋、側頭筋はとくに意識して動かしてほしい部位。「やわ筋」になるよう、頑張って！

※イラストの筋肉はイメージです。

顔の骨を意識してセルフケア

顔の骨はいくつかの骨で構成されており、頭の形を支えて脳を保護し、目や鼻、口を支えています。

顔の骨格も体と同様に、姿勢や加齢によって、ゆがんだり、ずれたりしてきます。顔の骨は表情筋のいわゆる「土台」になっているので、この骨格のずれを矯正しておかないと、表情筋をいくらやわらかく鍛えても効果が半減したり、その効果がすぐになくなったりします。すなわち、顔の骨格矯正は美しさの「基本」。**顔の土台からケアすることが、フェイスラインや顔のパーツを改善する近道**なのです。

本書で紹介しているメソッドは、頭を保護している前頭骨・側頭骨、鼻を形成している鼻骨、頬の隆起を形成している頬骨、あごを形成して動かしている上顎骨・下顎骨を元の位置に戻す効果が期待できます。

「土台」となっている顔の骨のゆがみ、ずれを矯正することが大事！

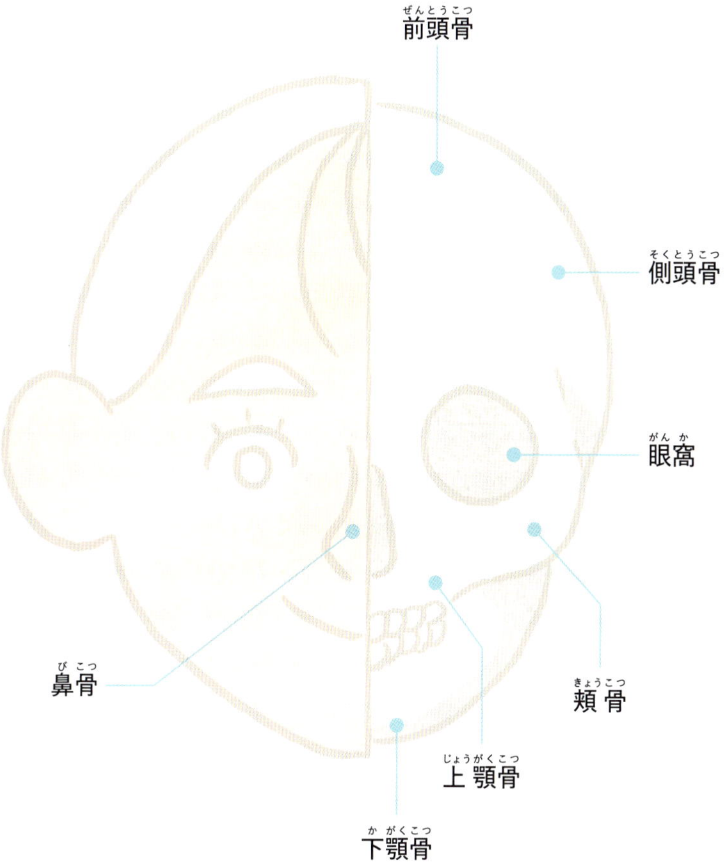

上記は顔の骨の代表的な骨で、顔のずれやゆがみに大きく関わっているものを挙げました。骨格も年齢とともに変わってきます。「生まれついてのもの」だけではないのです。いつ始めても遅くないので、あきらめないで！

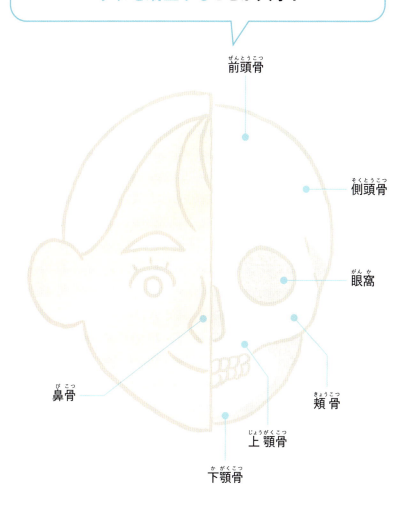

セルフケアを始める前に

※必ず一読ください

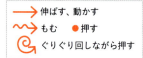

伸ばす、動かす
もむ　押す
ぐりぐり回しながら押す

1 エクササイズの解説ページでは、マッサージのやり方を右記の記号で表示しています。

2 顔の筋肉を動かすときは恥ずかしがらず（照れず）に、口や目など顔の筋肉をより大きく動かすことを意識してください。普段、使っていない筋肉をたくさん刺激しましょう。

3 「ここを今動かしている」というように、どこの筋肉を動かしているかを意識してエクササイズすると効果的です。

4 体が温まっているお風呂上がりに行うと、血流やリンパ、老廃物の流れがさらによくなります。

5 指圧やマッサージは肌をこすります。摩擦を抑えるために化粧水、乳液などをつけて行うと、肌へのダメージが少なくなります。

6 エクササイズはひとまず２週間続けることをおすすめします。一般的に効果を感じるのは、そのあたりからです。

7 毎日行うことが継続の理想です。ただし、つい休みがちになってしまう人は自分なりのペースで続けてみてください。徐々に休みの間隔が短くなればＯＫです。

注意事項

- 習慣化することは大切ですが、ノルマに縛られるのはＮＧ。体調が悪いときはやめましょう。回復を優先してください。
- エクササイズをして顔や体が痛くなった場合はいったん中止して、様子を見ながら再開してください。痛みが続く場合は、医師に相談してください。

動画について

エクササイズページ内にある「関連動画もチェック」のQRコードは、YouTube『松田さんの毎日セルフケア』にリンクしています。**掲載エクササイズとまったく同じものではないのでご注意ください。**やり方、工程が少し違っています。あくまで関連エクササイズを動画で紹介しているものです。また、運営上の都合などで閲覧できなくなる場合があります。ご承知おきのうえ参考にしてください。

第1章

「やわ筋」セルフメソッドで“小顔”になる！

EXERCISE 01

死ぬほど頬やせで小顔に

3 MIN

頬をすぼめたり、舌をぐるぐる動かして、
頬筋を中心にその周辺の筋肉をストレッチします。
筋肉を伸縮するだけで筋力の維持につながります。

YouTubeの
関連動画もチェック

1 60秒
頬をすぼめてキープ

「お」を発音する口の形にして、口を閉じて思い切り頬をすぼめる。この状態を60秒保つ。

POINT
唇はキュッと閉じたまま。

顔の引き締め効果が得られるので、各動作を死ぬ気（全力）でやってみて！

2 60秒
頬を「すぼめる」「膨らます」を繰り返す

1の頬をすぼめた状態から、頬を膨らます動きを繰り返す。これをゆっくり60秒続ける。「すぼめた」ときは筋肉の引き締めを、「膨らます」ときは筋肉の伸びを意識する。

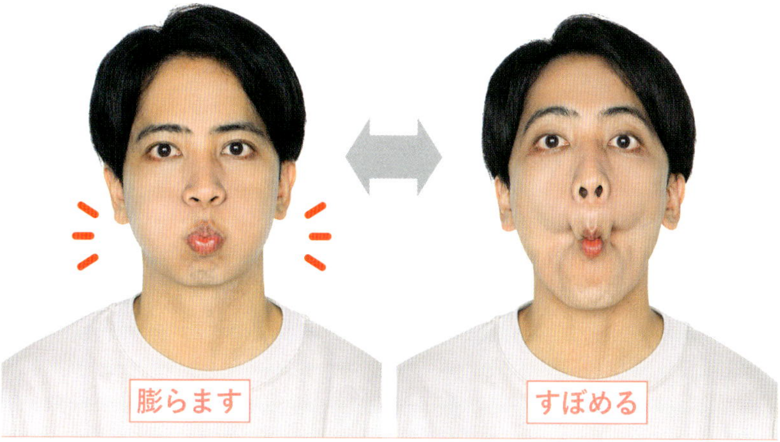

3 左右30秒ずつ
舌を口内でぐるぐる回す

口の中で、円を描くように舌を動かす。左の頬の内側に舌先で触れ、内側の頬を広く刺激するようにぐるぐると舌を30秒回す。同じく右側の頬も同様に30秒行う。

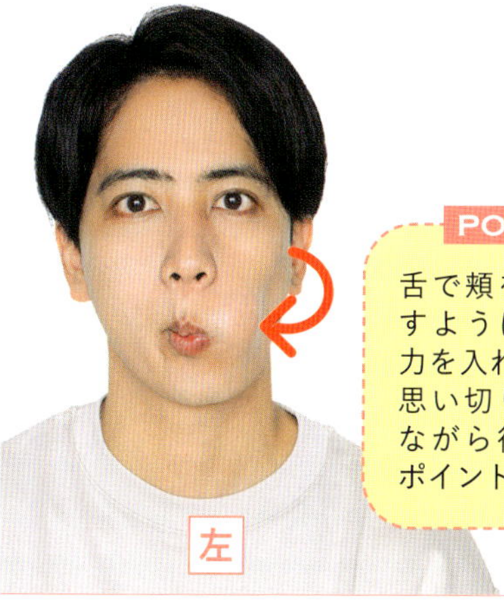

POINT

舌で頬を突き出すように先端に力を入れて、舌を思い切り伸ばしながら行うのがポイント。

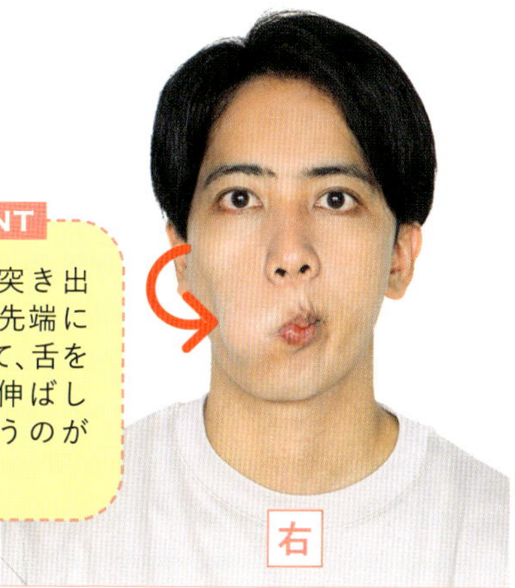

EXERCISE 02

エラ張りを解消して小顔に

3 MIN

頬骨と下あごをつなぐ筋肉・咬筋にコリがあったりすると、エラが目立って顔が大きく見えます。咬筋から側頭筋を続けてほぐします。

YouTubeの関連動画もチェック

1 咬筋をつまんで上下に揺らす

左右30秒ずつ

咬筋（耳の斜め下、歯を噛みしめたときにあごの外側でぷくっと硬くなる筋肉）をつまんで、引き上げるように上下に動かす。指で筋肉を挟んで、筋肉を揺らしてほぐすイメージ。

あごの骨格を矯正して、あご周辺の張りをなくします！

POINT

始める前に、手のひら、指先などで咬筋をさすったりして温めておくと効果が増す。できれば左右各90秒ほど動かすとよい。

横から見たところ

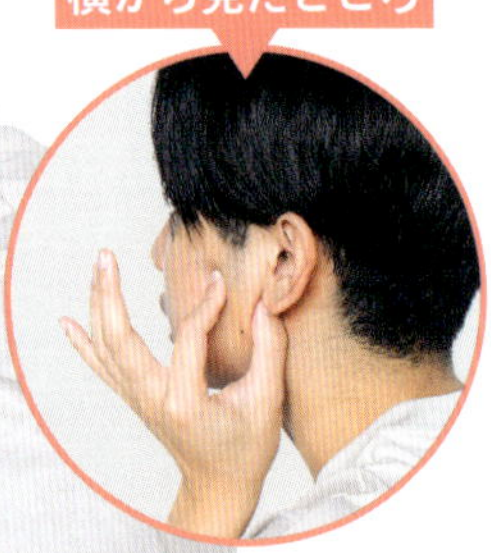

2 咬筋に圧を加えて引き上げる

左右30秒ずつ

手をグーに握って、1と同じ場所(咬筋)にあて、グッと押して圧を加えながら上に引き上げる。

POINT
拳側ではなく、握った手の内側部分で圧を加える。

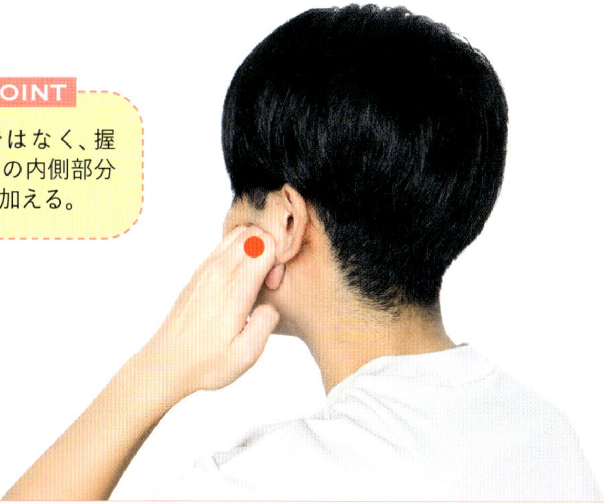

3 側頭筋を手のひらでほぐす

60秒

耳の上から頭の横側につながる側頭筋に、両手をあてる。手のひらの付け根を使ってグーッと押して圧を加える。イタ気持ちいいくらいの力加減で。

横から見たところ

POINT
片手で、左右片側1分ずつやってもOK。

EXERCISE 03

面長を解消して小顔に

3 MIN

面長に見える原因のひとつに、噛み合わせの悪さが考えられます。片噛みだったり、強い力で咀嚼していたりすると、噛み合わせは悪くなります。

YouTubeの関連動画もチェック

1 60秒 目の下の筋肉をほぐす（左）

大頬骨筋（頬の出っ張っている骨の下の部分の筋肉）を指でつまむ。筋肉を引き上げるイメージでマッサージして、大頬骨筋をほぐす。

軽くつまんで、
頬の筋肉を
揺らすように
動かして

POINT

大頬骨筋は、口角を引き上げる作用のある筋肉。噛み合わせが悪いと、この筋肉がコリ固まってくる。

小顔 | 目 | 鼻 | 口回り | フェイスライン | 首 | 肩回り | 腕 | 脚 | お腹 | その他

2 目の下の筋肉をほぐす（右）
60秒

1と同じく、反対側も行う。左右どちらから始めてもよい。

同じように揺らして〜

3 あごを引き締める
60秒

腕を固定して、両手首の付け根あたりにあごをのせる。あごをグーッと両手のひらに押しつけて、あごの骨を引き締め、噛み合わせを矯正する。

POINT
テーブルなど平らな場所にひじを置いて、腕が下がらないように固定すると効果倍増。

EXERCISE 04

頭の形を整えて小顔に

3 MIN

頭が大きく見える主な要因は、おでこと頭の筋肉の張りです。ストレスが強かったり、長く続くと筋肉も緊張して、コリの原因になります。

YouTubeの関連動画もチェック

1 頭の横をやさしく指圧

60秒

両手を頭の横にあて、5本の指先でやわらかくほぐすように指圧する。両手を後ろ回し、前回ししながら指先に力を入れる。

コリがほぐれて
気持ちいいはず！
力加減は強すぎ
ないように

横から見たところ

POINT

シャンプーをしているような力加減、イメージで。

2

60秒

後頭部を引き締める

頭の後ろで指先を組み、そのまま後頭部を手で包み込むように押さえて両手の甲で圧を60秒間加える。強さは、イタ気持ちいい程度で。

POINT

頭を少し下げて行うとやりやすい。

正面から見たところ

3

60秒

頭を前後に引き締める

おでこと後頭部を両手で押さえて、イタ気持ちいい程度に圧を60秒間加える。左右のどちらの腕が前後になってもよい。やりやすいほうでOK。

斜め横から見たところ

EXERCISE 05

ゆがみを矯正して小顔に

3 MIN

重力によって顔の筋肉がたるんでくると、
顔がゆがんだ印象に。たるみは顔を太って見せたり、
目を小さくして、顔のバランスを悪化させます。

YouTubeの
関連動画もチェック

1

60秒

たるんでいる側をこめかみほぐし

たるんでいる側のこめかみに手のひらをあて、周辺の筋肉をほぐす。手の甲側でマッサージしてもよい。

POINT

**どっちがたるんでいる？
簡単「たるみ」チェック**

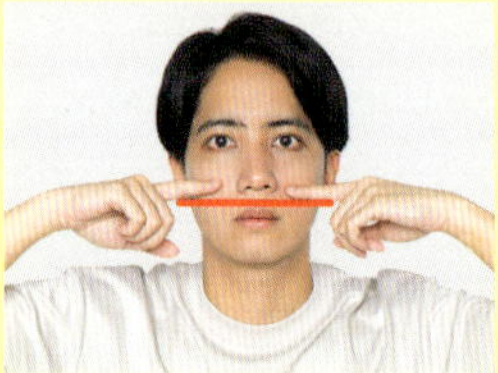

鏡を見ながら頬骨に指をあて、指の位置（高さ）を比べる。指が低いほうの頬がたるんでいる。見た目の印象で判断するのではなく、左右どちらにゆがんでいるかをきちんと確認することが大事。

横から見たところ

小顔 目 鼻 口回り フェイスライン 首 肩回り 腕 脚 お腹 その他

2 [60秒] たるんでいる側の口角上げ

まず、たるんでいる側の口角を上げる。口角の少し上の頬に指をあて、さらに口角を押し上げる。このまま60秒キープ。

「たるみ」は左右均等には起こらないので調整してね

3 [60秒] たるんでいる側の舌回し

舌先で頬の内側に触れ、円を描くように上・横・下と、ぐるぐると内側の頬を広く刺激する。舌は頬を突き出すように思い切り伸ばして、舌の先端に力を入れる。

POINT
左右の頬の高さ（「たるみ」チェック）が同じになるまで継続する。

EXERCISE 06

あごをシャープに短くして小顔に

4 MIN

あごのラインを美しくするポイントは「首」。
首にはリンパが多く流れているので、
周りの筋肉が固まると老廃物がきちんと流れません。

YouTubeの
関連動画もチェック

1 30秒 広頸筋《こうけいきん》を伸ばす

手をクロスさせて胸にあて、上を向いて首を伸ばす。このとき、広頸筋（あごから首、胸にかけての頸部《けいぶ》の前部を覆う筋肉）がグーッと伸びていればOK。

POINT
クロスさせた手で胸をきっちりと押えて、広頸筋が十分に伸びるようにする。

コリをほぐしつつ、
リンパの流れを
よくします！

2 30秒 舌を力いっぱい上に突き出す

1の体勢のまま、舌を真上に思い切り突き出し、伸ばす。手は胸にクロスさせたまま、広頸筋を伸ばすサポートを。舌を伸ばすことで顎舌骨筋《がくぜっこつきん》が鍛えられて、柔軟になる。

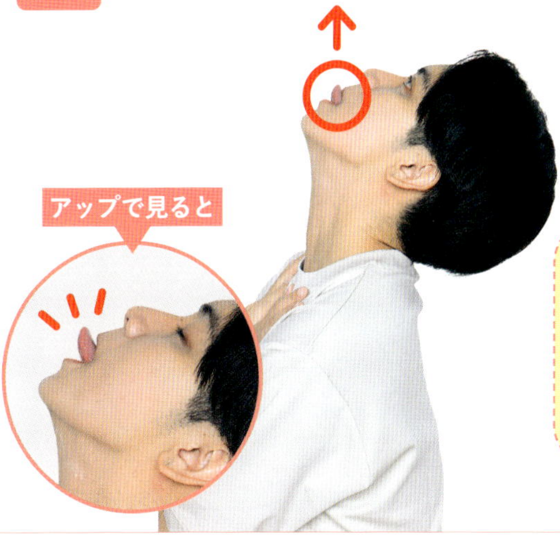

POINT

顎舌骨筋とは頸部(首)の筋肉のひとつ。この筋肉をストレッチすることで、下唇や下あごのたるみを抑えることができる。

3 左右15秒ずつ 下あごをぐりぐりほぐす

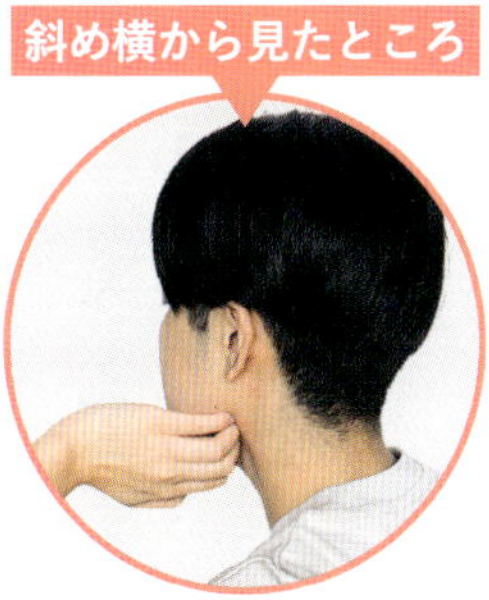

下あご(エラの下側)に指先を入れて、ぐりぐりとほぐす。あご骨の裏側の筋肉をほぐしたいので、指を骨の内側に入れ込むイメージで。反対側も同様に行う。

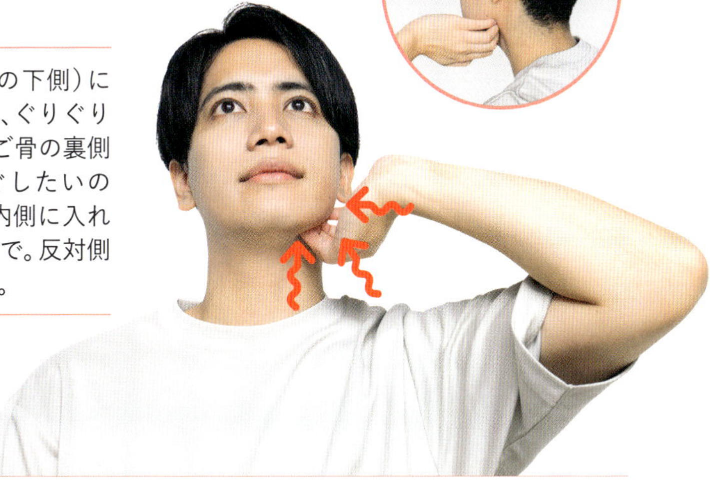

次ページへ

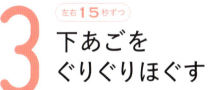

4 60秒 下唇をぷっくり膨らます

口をきつく閉じたまま、下唇を膨らまして、口の下側の筋肉を思い切り伸ばす。そのまま60秒キープする。

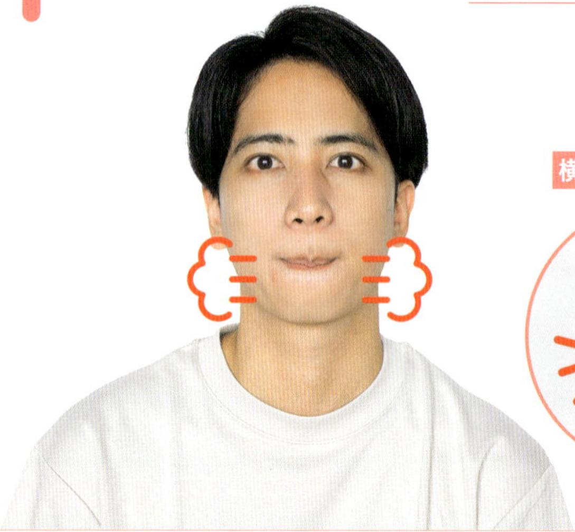

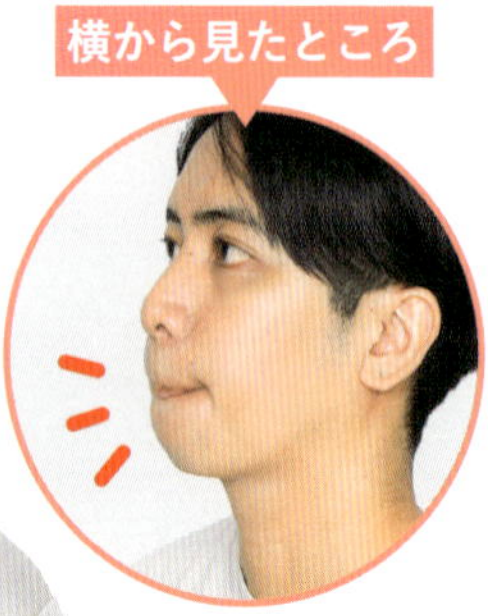

5 30秒 首の後ろをほぐす

首の後ろ、うなじ周辺を両手でぐりぐりと指圧する。イタ気持ちいい程度の力加減で。

POINT

親指と小指以外の3本指で押すとやりやすい。片方ずつ、各15秒ぐらいでOK。

左右15秒ずつ

6 舌を左右に伸ばす

左頬を内側から舌で膨らませるように、舌を左側に思い切り伸ばす。舌の先端に力を入れて15秒キープ。同じように、右の頬を膨らますように舌を伸ばして15秒キープ。

左右15秒ずつ

7 舌をぐるぐる回す

舌で頬の内側に触れ、円を描くように内側の頬を刺激する。舌で頬を膨らますように、舌の先端に力を入れて15秒間回す。反対側も同様に行う。

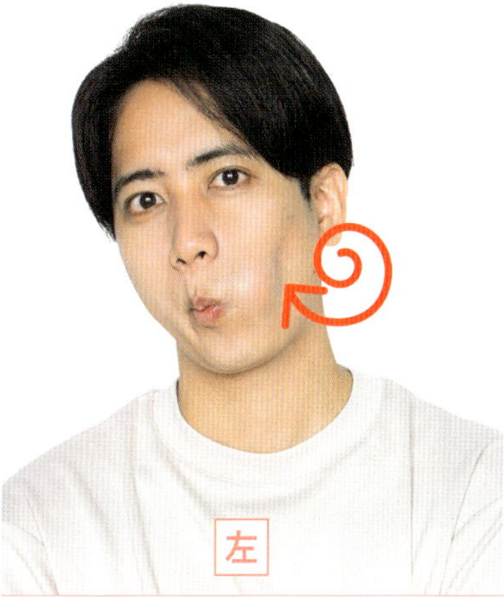

COLUMN

フェイスラインを美しく保つには咀嚼に注意

お腹の脂肪は当然気になりますが、一番見た目に変化を与えるのは顔太りでしょう。顔に脂肪がついてしまうとフェイスラインが崩れ、目、鼻、口も肉に埋もれて小さく見えてしまいます。

フェイスラインを美しくする観点でいうと、咀嚼は気を遣いたいところ。強く噛みすぎることをせず、軽く噛むようにして回数を増やすことを意識します。強く噛む習慣がついてしまうと、咬筋(咀嚼するときに使う筋肉)が発達して、エラが目立つようになるので、噛む力には要注意。ゆっくり食べれば少量でも満腹中枢が満たされるので一石二鳥です。また、左右どちらかだけで噛むクセがついていると、顔のゆがみの原因になります。左右の歯で均等に食べるよう意識づけてください。

食事の内容にも気を遣いたいものです。筋トレで推奨されている高たんぱく、低脂質の食事は、顔の「やわ筋」をつくるのにも有効な栄養価。よく知られている鶏ささみ、胸肉をはじめ、卵、乳製品、豆類を中心とした食生活を心がけるとよいでしょう。牛肉なら赤身肉、魚はカツオ、アジがおすすめです。

第2章

顔のパーツのコンプレックス解消

EXERCISE 07

目のたるみをとる

3 MIN

目のたるみの原因は、目の周りの筋肉(眼輪筋など)の衰えが第一です。眼輪筋を中心に筋肉をやわらかく鍛えて、重力に全力で抵抗しましょう。

YouTubeの関連動画もチェック

1 こめかみを引き上げる

60秒

こめかみに両手の指をあてて、引き上げながら指圧。こめかみ周辺の筋肉をほぐす。

POINT

目の周辺はデリケートな部位なので、力加減に注意。あまり強く指圧しないように!

2 60秒 眉毛周辺の筋肉をほぐす

両手の指で眉毛を押さえて、眉《び》骨《こつ》(目の上にある骨)を持ち上げながら、周りの筋肉をほぐす。

※指圧箇所がわかりやすいように片手にしています

3 60秒 眉頭に指を引っかけて持ち上げる

眉毛の内側の端の盛り上がったところ(眉頭)に親指を引っかけて、持ち上げるようにして目の上の骨を押す。

※指圧箇所がわかりやすいように片手にしています

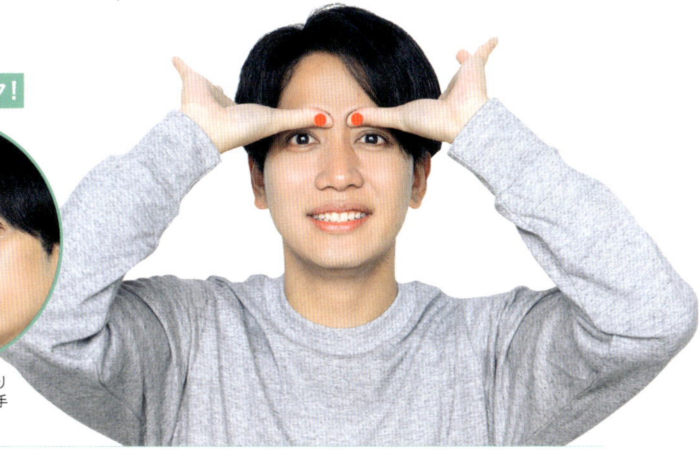

EXERCISE 08

目をパッチリ大きく見せる

3 MIN

目が小さく見える人は、眼輪筋がコリ固まって、
前頭筋、側頭筋がたるんでいるケースが多いです。
目がパッチリ見えると顔の印象は大きく変わります！

YouTubeの関連動画もチェック

1 前頭筋をほぐす

60秒

おでこ（前頭筋）に両手の４本の指先をあてて、引き上げるようにぐりぐりとマッサージ。ここの筋肉がゆるむと、リラックス効果も得られる。

POINT

目が小さくなる原因には肩周辺の血流も関わっているため、肩や首のコリ（P76）をほぐしてから、このメソッドを行うとさらに効果的。

2 「太陽」を指圧する

30秒

太陽というツボを指圧。最初は軽い力で行い、徐々に強くしていく。

場所をチェック！

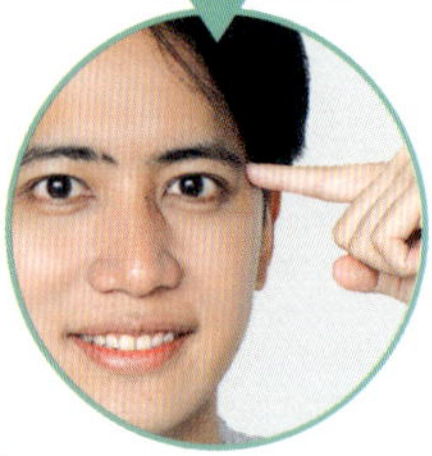

眉尻と目尻の間のくぼみにあるツボ。頭痛、目の疲れに効果がある。

小顔 / 目 / 鼻 / 口回り / フェイスライン / 首 / 肩回り / 腕 / 脚 / お腹 / その他

3 「攢竹」を指圧する 30秒

攢竹というツボを指圧。引き上げながら押すイメージで。

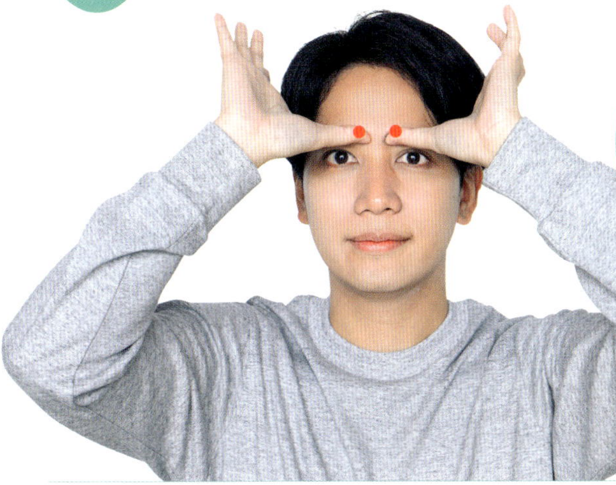

場所をチェック！

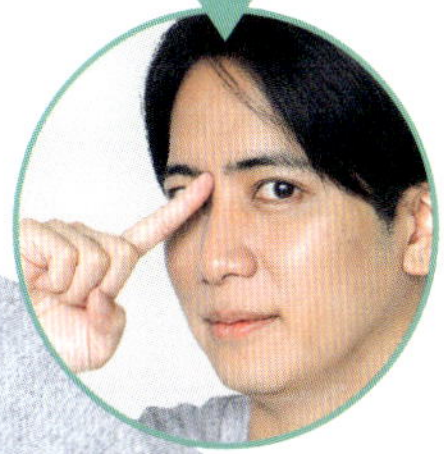

目頭と鼻の付け根の間にあるツボ。ドライアイや目のクマ解消に効果がある。

4 目を閉じて開ける 60秒

目をしっかり閉じて、パッと開ける。これ60秒間繰り返す。目の周りの筋肉を大きく動かすことを意識する。

EXERCISE 09

蒙古ひだを目立たなくする

3 MIN

蒙古ひだは、上まぶたから目頭に覆いかぶさっている皮膚のこと。目の周りに脂肪があったり、おでこの筋肉が下がってくると目立って見えます。

YouTubeの関連動画もチェック

1 頭の回りの筋肉をほぐす

60秒

前頭筋から側頭筋まで、頭回りの筋肉をしっかりほぐす。

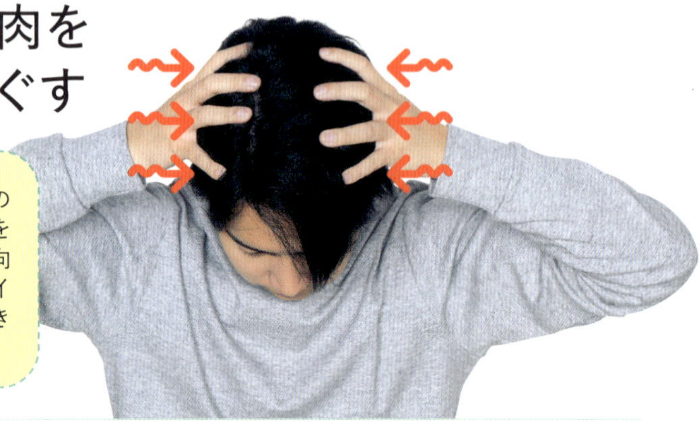

POINT

おでこから頭の筋肉のたるみをなくす。上方向に持ち上げるイメージで、引き締める。

2 鼻の付け根を指圧

30秒

鼻の付け根（目頭の上あたり）を両手の人差し指でぐりぐりと指圧する。イタ気持ちいいくらいの力加減で。

3 60秒 目の回りをほぐす

目の回りの筋肉をぐりぐりと順にほぐす。1か所20秒ずつ行い、目を一周するように行う。

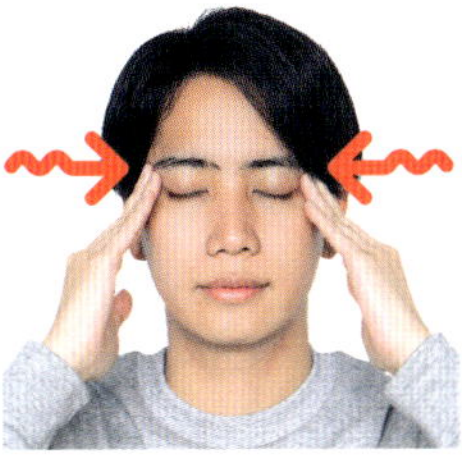

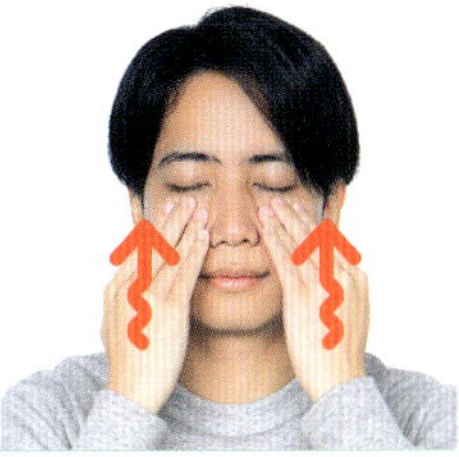

4 30秒 眼輪筋を鍛える

目を力いっぱい閉じる一方で、指先でまぶたが下がらないように上まぶたを押さえる。

POINT

目を閉じる力とまぶたを押さえる力が拮抗するように。

EXERCISE 10

豚鼻&団子鼻を解消

3 MIN

鼻の形がすっきり見えないのは、鼻の横や下に脂肪や老廃物がたまっていることが原因かも。鼻筋も引っ張り出して、その骨格を整えていきます。

YouTubeの関連動画もチェック

1 60秒 鼻下ほぐし

鼻の下に両手の指先をあてて、グーッと少し圧をかけてほぐす。指先をあてる位置は、上唇の歯ぐきの上あたり。

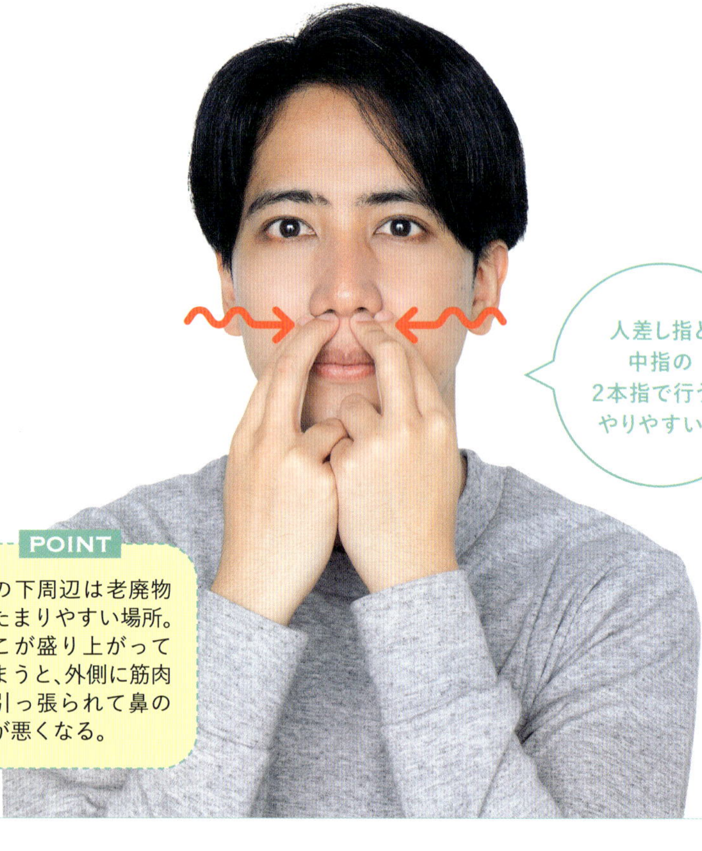

人差し指と中指の2本指で行うとやりやすいよ

POINT

鼻の下周辺は老廃物がたまりやすい場所。ここが盛り上がってしまうと、外側に筋肉が引っ張られて鼻の形が悪くなる。

2 60秒 鼻筋を引っ張り出す

両手の人差し指で鼻を押さえて、斜め上方向に向かって引っ張り出す。あるいは、指で鼻を両側から押し出すイメージで。

POINT
左右の人差し指の力の入れ方を均等にすること。

3 60秒 小鼻ほぐし

小鼻(鼻の両側の膨らんだところ)に両手の人差し指をあてて、上下にやさしく揺らして筋肉をほぐす。

POINT
小鼻周辺の脂肪をとって、老廃物を流す。

EXERCISE 11

鼻の穴を小さく整える

1 MIN

普段、小鼻を意識して引き締めることはしないので効果が出やすいエクササイズ。毎日続けていると1週間ぐらいで、鼻の穴の形に変化を感じる人も。

YouTubeの関連動画もチェック

1 片方の鼻をふさぐ(右)

30秒

左の小鼻を指で押さえて、右の鼻をふさぐように大きく息を吸い、口から吐く。それを30秒続ける。口から息を吐くのは、鼻の穴を広げないため。

ぴったりとふさぐことができなくてもいいので、できるところまで30秒続けよう

POINT

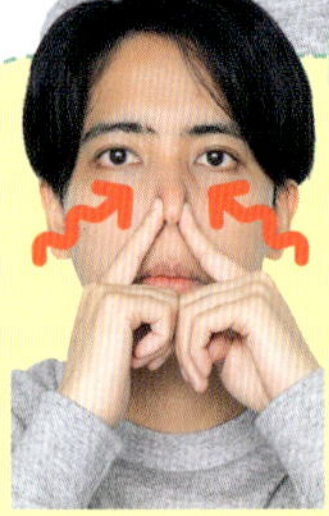

ここの筋肉が硬い人は、鼻全体をほぐしてから行うとよい。鼻の穴は完全にふさがなくてもよいので、鼻が痛くならない程度に行う。左右の鼻の穴を同時に60秒押さえるのでもOK。

2

30秒

もう片方の鼻をふさぐ(左)

同じように右側の小鼻も押さえて、左の鼻を30秒ふさぐ。

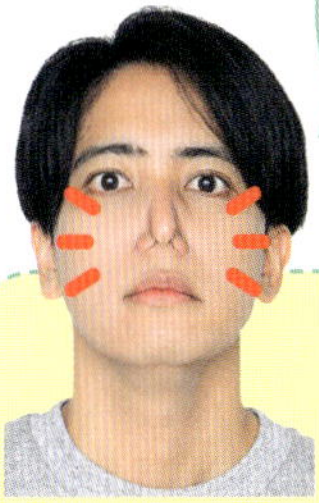

POINT

続けていると鼻の筋肉がやわらかくなってくるはず。「やわ筋」鼻になると、指の力を借りなくても左右の鼻の穴をふさぐことができるので頑張って!

EXERCISE 12

鼻をシュッととがらせる

3 MIN

鼻先は軟骨で形成されているので、鼻周辺の筋力が衰えるとやわらかい鼻先は重力に負けて、形が崩れてしまいます。鼻の土台づくりが大事！

YouTubeの関連動画もチェック

1 頬骨を寄せて押す

60秒

両手のひらを頬骨にあてて、顔の中心に向かって寄せ、グーッと圧をかける。頬骨を手で引っ込めて矯正するイメージで。

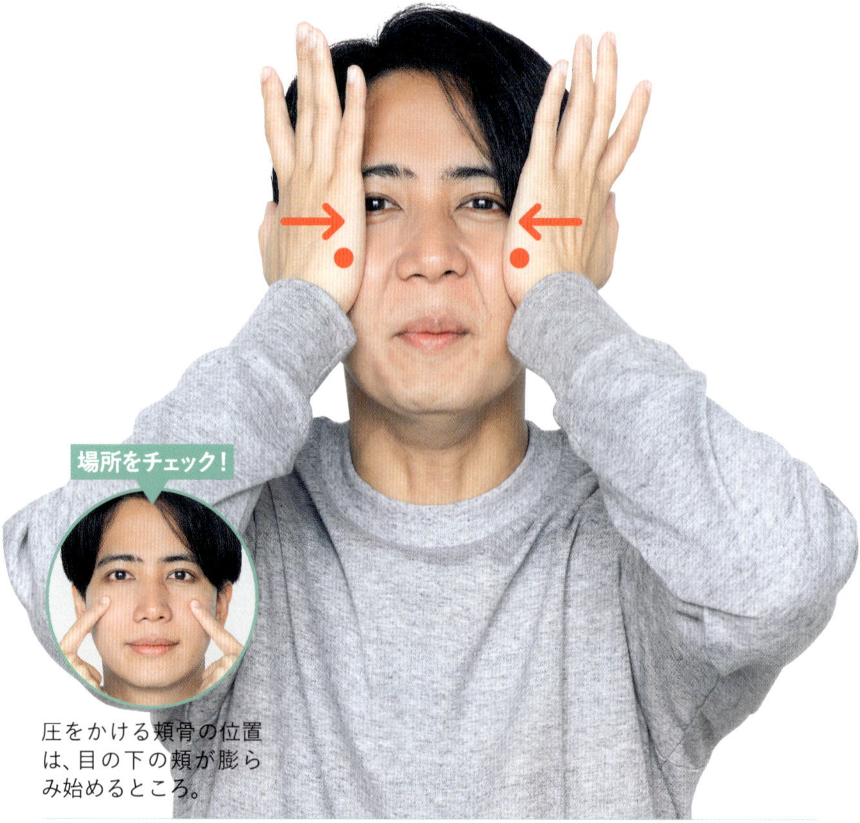

圧をかける頬骨の位置は、目の下の頬が膨らみ始めるところ。

2 60秒 鼻骨を寄せて押す

両手の親指で鼻骨（鼻の上の硬いところ）を挟んで、顔の中心に向かって寄せ、グーッと圧をかける。

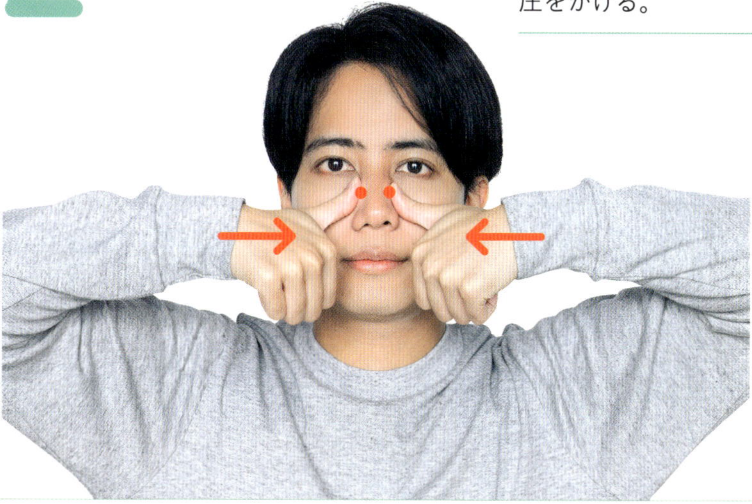

3 60秒 鼻軟骨を持ち上げる

両手の人差し指と中指を使って鼻先（鼻軟骨）を包み込み、斜め前の方向に持ち上げる。

POINT

鼻の軟骨はやわらかいので、力加減に注意。2本の指でやさしく挟み、しっかりと引っ張り上げる。

EXERCISE 13

ほうれい線を消す

4 MIN

加齢とともに目立ちがちなほうれい線。原因は頬、口回りの脂肪がついてたるんでくること。ほうれい線を解消すれば見た目はグッと若返ります。

YouTubeの関連動画もチェック

1 口角の横を引き締める

左右60秒ずつ

口角の横の筋肉を人差し指と親指で挟んで、つまみ上げて60秒キープ。引き上げたまま、上下左右に揺らして刺激してもよい。反対側も同様に行う。

POINT

つかむ位置は、口角と鼻下の横にある筋肉。2本指でつまんで、上に引き上げる。

2 頬肉のストレッチ

左右60秒ずつ

鼻横と頬肉に両手の指先をあてて、左右に引っ張ったままキープする。反対側も同様に行う。

1でやさしくほぐし、
2でしっかり
引っ張ること

POINT

ほうれい線を引っ張り伸ばすイメージで。

EXERCISE 14

口回りの脂肪を落とす

1 MIN

口元に脂肪がたまると下膨れの顔に見えたり、
フェイスラインもぼやけてしまいがち。
続けると、唇の血色をよくする効果も期待できます。

YouTubeの
関連動画もチェック

1 口を前方に突き出す

30秒

「う」の発音の口の形にして、前方に口を突き出す。そのまま30秒キープする。

POINT

実際に、「う――」と言いながらやると、やりやすい。

2 30秒 口を閉じて口角を上げる

唇を噛みしめるように口を閉じて、その状態のまま口角をグッと上げる。そのまま30秒キープする。

前項の「ほうれい線を消す」メソッドとあわせてやると、効果倍増!

POINT

手を使わずに、口の筋肉だけで口角を上げる。できるだけ上に持ち上げるイメージで。むずかしい場合は、慣れるまで手を使って口角を上げる手助けをしてもよい。

EXERCISE 15

タラコ唇を解消

3 MIN

唇が太くなる原因のひとつに「口回りの筋肉の衰え」があります。筋力低下により唇の形が崩れてしまうのです。日ごろから口を動かすことも意識して。

YouTubeの関連動画もチェック

1 半開きの口で口角を上げる

50秒

口を半開きにして口角を上げ、5 秒キープして元の状態に戻す。これを10回繰り返す。

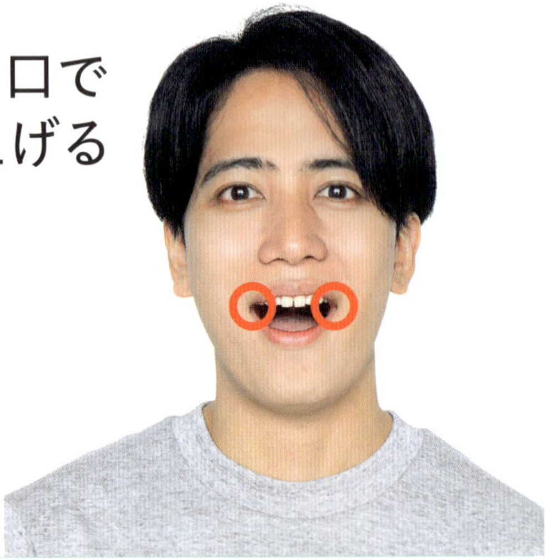

2 口を閉じて口角を上げる

50秒

今度は完全に口を閉じた状態で口角を上げ、5 秒キープして元の状態に戻す。これを10回繰り返す。

3

左右20秒ずつ

舌で口の内側を上下になぞる

口を閉じて、舌で口の内側（口角の口内周辺）を上下になぞって刺激する。左側口内、右側口内で20回ずつ行う。

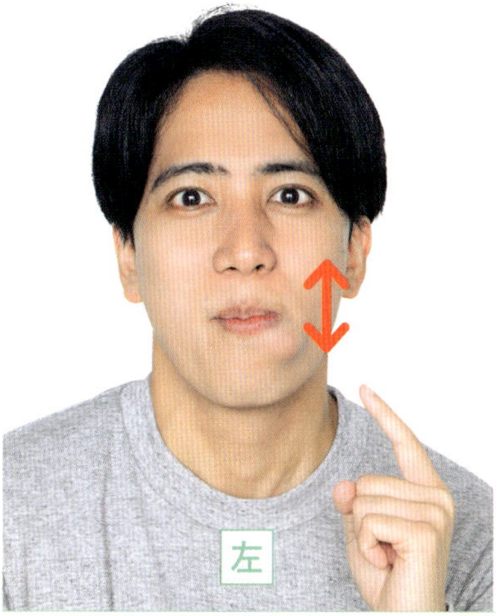

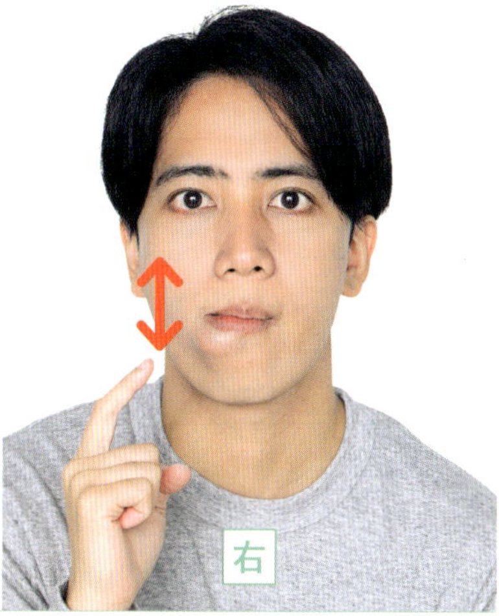

4

40秒

舌を「ポン」とはじく

口を大きく開け、舌を上あごに3秒つけてから、ポンと舌をはじくホッピング運動を10回行う。

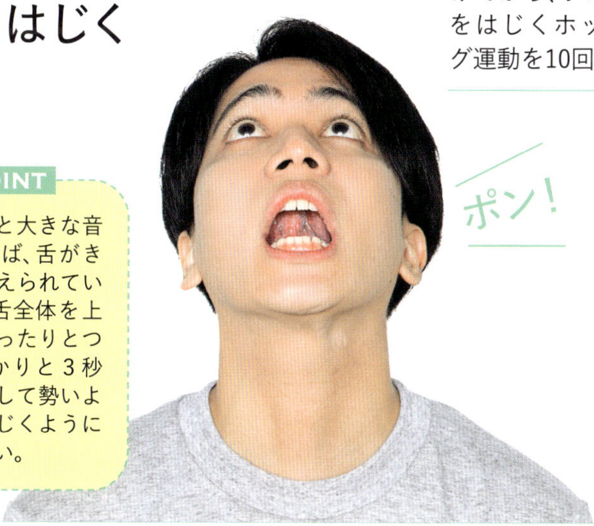

POINT

「ポン！」と大きな音を出せれば、舌がきちんと鍛えられている証拠。舌全体を上あごにぴったりとつけ、しっかりと3秒間キープして勢いよく舌をはじくようにするとよい。

EXERCISE 16

耳からあごのラインを短くする

1 MIN

横から見たときの耳からあご先のラインを短く見せる方法。あごの筋肉のゆるみを抑えるのに、舌を鍛えるのはとても有効です。

YouTubeの関連動画もチェック

1 上を向いて舌を出す

30秒

頭を後ろに倒して上向きになる。そのまま舌を思い切り伸ばし、30秒キープ。舌先は真上に向ける。

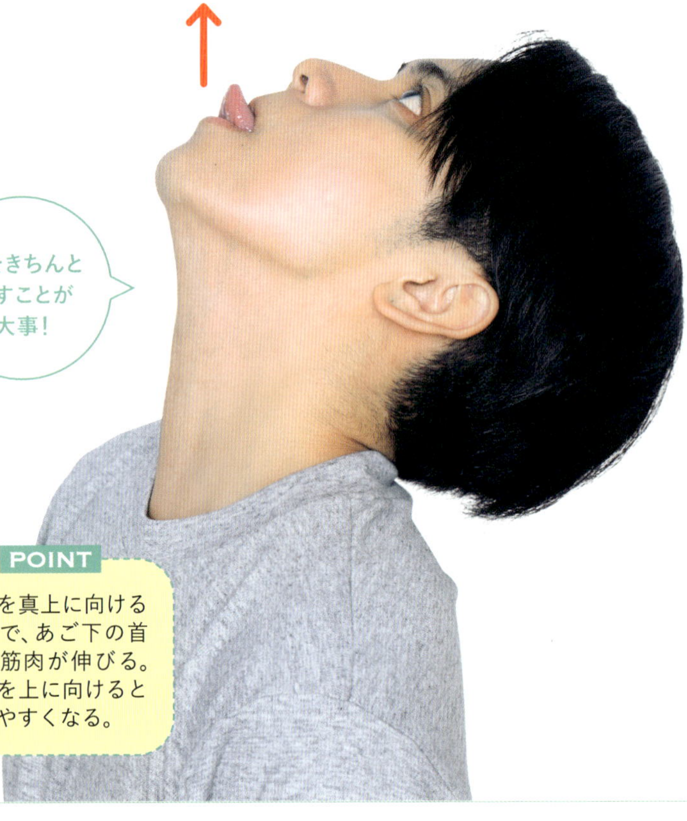

頭をきちんと倒すことが大事!

POINT

舌先を真上に向けることで、あご下の首筋の筋肉が伸びる。視線を上に向けるとやりやすくなる。

2 上を向いて「あっかんべー」

30秒

1の体勢のまま、舌があごにつくくらい「あっかんべー」をする。そのまま30秒キープ。

地味な動きだけど、
意外と30秒キープは
疲れるはず。
慣れないうちは
1と2の間に休みを
入れてもいいですよ

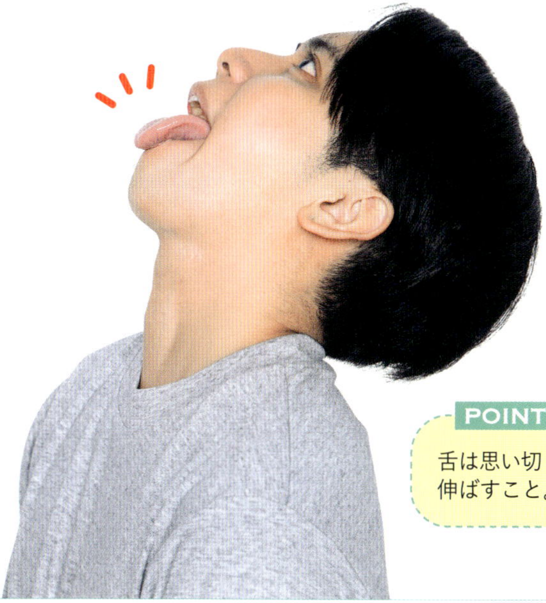

POINT

舌は思い切り、
伸ばすこと。

EXERCISE 17

しゃくれを改善

3 MIN

「しゃくれ」や「受け口」はあごの筋肉がコリ固まって、目立って見えるケースが多いので、周辺の筋肉をほぐしてから骨格のゆがみを矯正していきます。

YouTubeの関連動画もチェック

1 あご下の筋肉をほぐす

60秒

両手の指をあご下にあてて、筋肉をほぐす。イタ気持ちいい程度、上下にぐりぐりと指を動かす。

POINT

あごの骨の内側に指を入れて、上に押すように刺激する。痛みを感じる場合は、最初はやさしくほぐし、徐々にイタ気持ちいい程度まで力を入れていく。

2 60秒 あごを左右に動かす

口を半開きにしたまま、下あごを左右に60秒動かす。

POINT

あごを左右にしっかり動かすことで、あごの骨を適切な位置に修正していく。

3 60秒 下あごを引き締める

口を半開きにして、片方の手で下あごを押さえ、後頭部の方向へ押し込む。もう片方の手は、押し込まれる力を抑えるように後頭部に添える。

POINT

口は半開きにして、口周辺は脱力した状態で行う。

EXERCISE 18

Eラインをつくって横顔美人

約5MIN

Eラインとは、横から見たときの鼻先とあご先を結んだ線。その線の内側に唇があるのが理想とされています。鼻を高くして口元を引き締めます。

YouTubeの関連動画もチェック

1 30秒 鼻先ほぐし

両手の人差し指（中指を加えた２本でもOK）で鼻先を両側から挟んで上下に30秒間マッサージする。鼻先を高くする効果アリ。

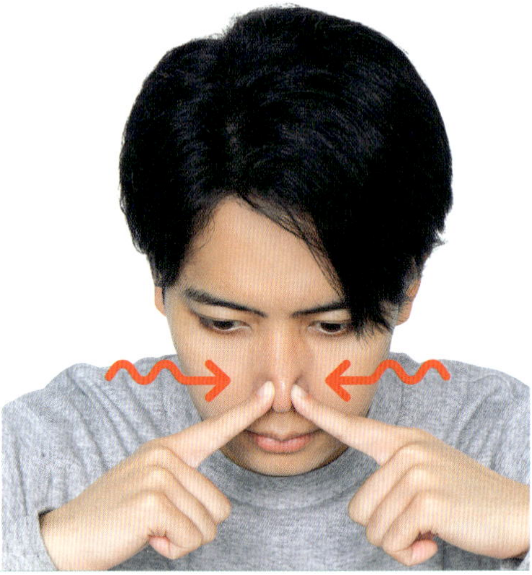

2 30秒 鼻根ほぐし

1と同様に、小鼻の付け根部分を上下に30秒間マッサージ。上に持ち上げるときに力を入れ、下へ動かすときは力を抜く。

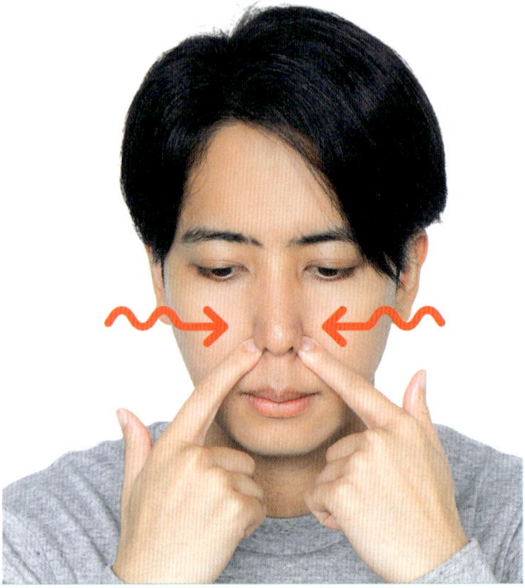

小顔 | 目 | 鼻 | 口回り | フェイスライン | 首 | 肩回り | 腕 | 脚 | お腹 | その他

3 〔30秒〕 鼻の穴を自力でふさぐ

大きく息を吸って鼻の穴をふさぐようにくっつける。多くの人はすぐにはできないので、指で鼻をつまんで補助。そのまま5秒キープして、これを5回繰り返す。

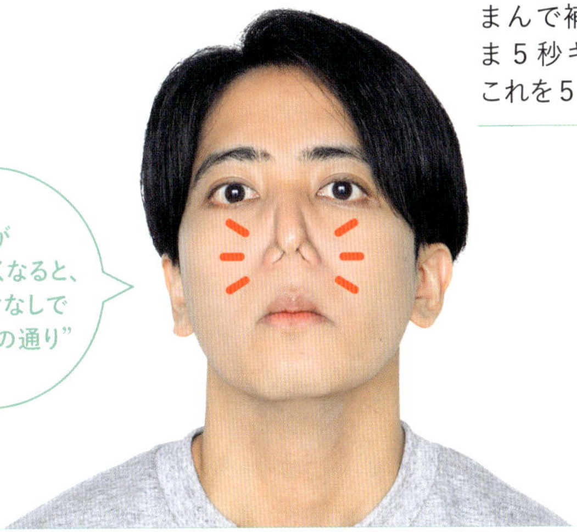

鼻がやわらかくなると、指の助けなしで"ほら、この通り"

4 〔60秒〕 指で上あごを押し込む

ここからは口元の引き締め。両手の親指以外の4本指を上あごにあて、強めの力で内側に押し込む。

POINT
指先に力を入れて、上の歯ぐきをグーッと押すイメージで。

次ページへ

5 口を突き出して回す

左右20秒ずつ

口を「う」の発音の形にして、突き出した口を左回しに回す。これを10回繰り返す。終わったら、同様に右回しも行う。

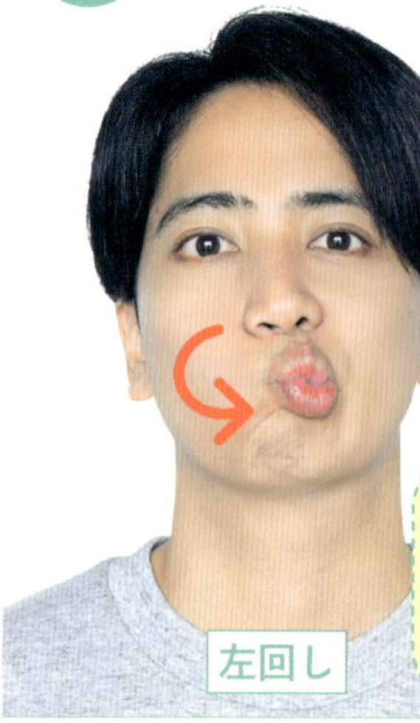

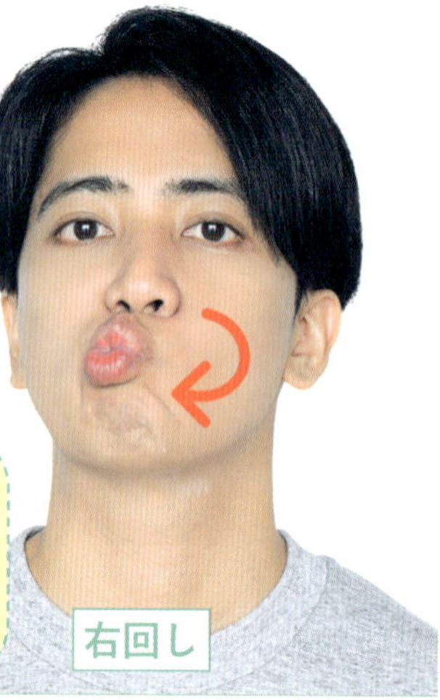

POINT

口を前方にしっかりと出して、円を描くようにきちんと回す。

6 口を真一文字に閉じて回す

左右20秒ずつ

口を真一文字に閉じた状態で、口を左回しに回す。これを10回繰り返す。終わったら、同様に右回しも行う。

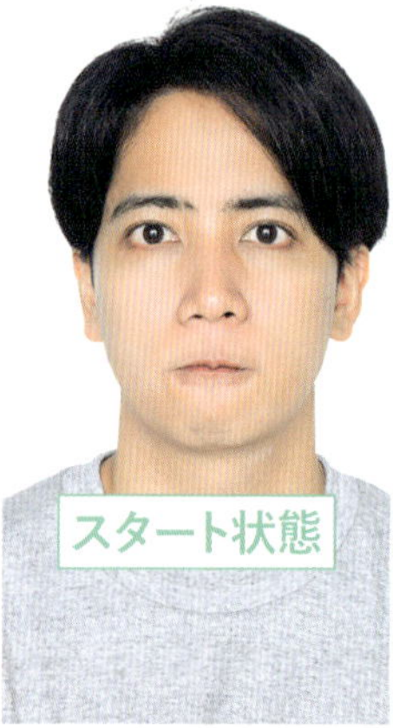

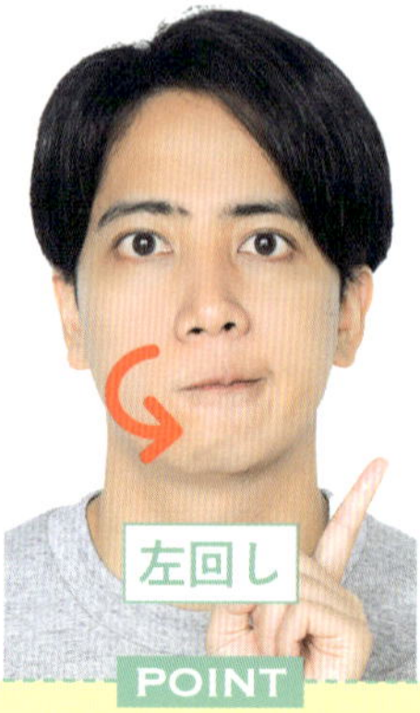

POINT

口をしっかりと閉じて、円を描くようにきちんと回す。

7 30秒 オトガイ筋を指圧

ここからはあご先の引き締め。下あごの先（オトガイ筋）に指をあて、下唇を下げるイメージで指圧する。その状態で5秒キープ。一度力をゆるめて、これを5回行う。

正面から見たところ

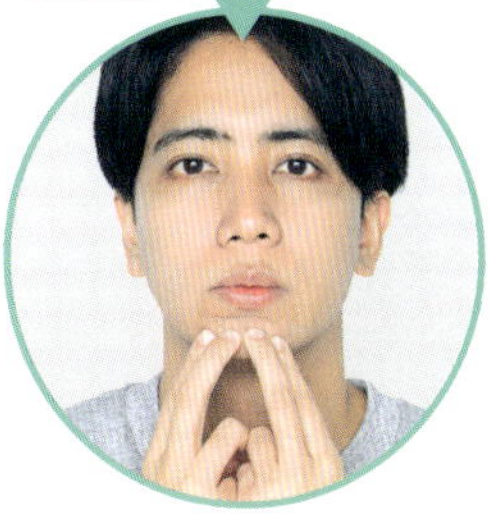

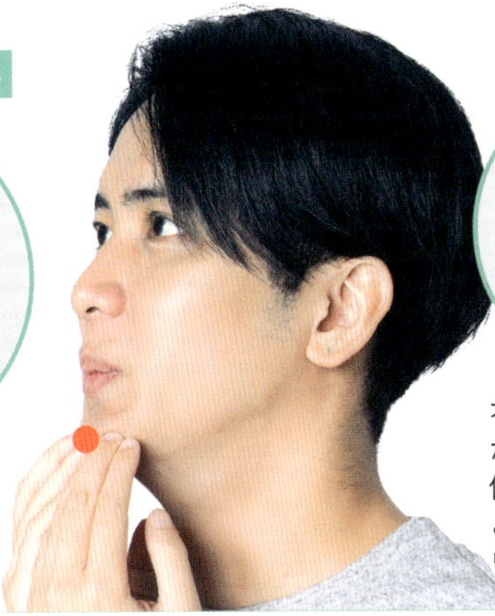

場所をチェック！

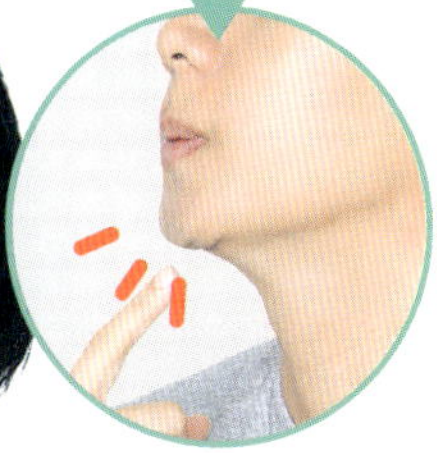

オトガイ筋は、下唇からあごの先端まで伸びている筋肉。あごに力を入れるとシワができるところ。

8 30秒 オトガイ筋をほぐす

手をグーにしてあご先にあて、オトガイ筋をほぐす。上下左右にまんべんなく、ぐりぐりと手を動かす。口は閉じたままで。

POINT

筋肉をほぐすことが大事なので、手もあごも力まずにリラックスして行う。

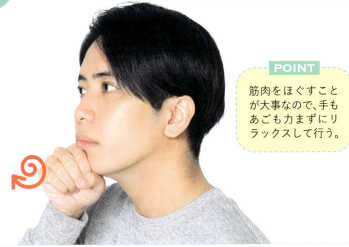

EXERCISE 19

平顔の悩みを解消

3 MIN

顔が全体的にのっぺりした印象の「平顔」の人の特徴は、おでこが丸くない、頬が凹んでいる、の2つ。これらの悩みを同時に解消していきます。

YouTubeの関連動画もチェック

1 30秒 頭全体をやさしく指圧

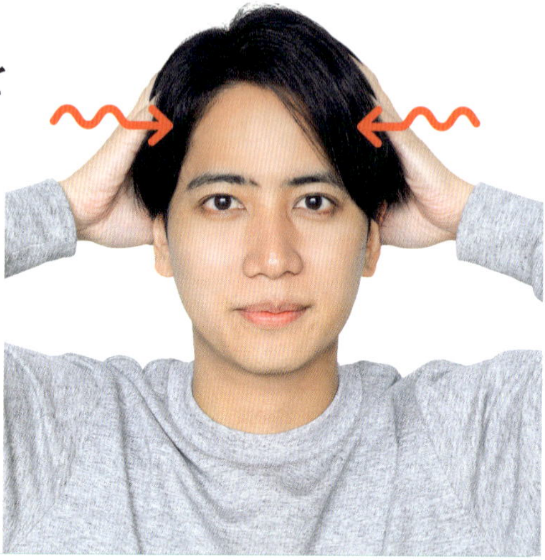

側頭筋から後頭部にかけて、頭全体を両手の指先でマッサージ。まずは頭全体の筋肉をほぐす。

2 60秒 おでこをグッと押さえる

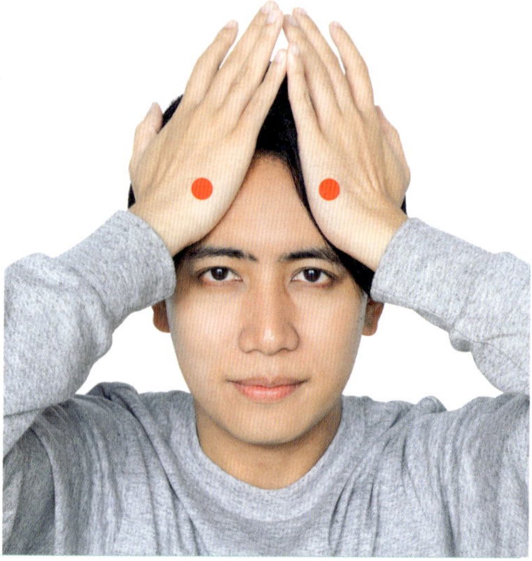

両手のひらでおでこに圧をかけ、押さえる。しっかりと力を入れて、おでこの形を矯正していく。

3 90秒 頬骨全体を指圧

頬骨の出っ張りを骨格矯正。こめかみ近く→目の横側下→鼻の横側の順に、頬骨全体を指圧する。1か所を10秒押して、これを3回繰り返す。

POINT

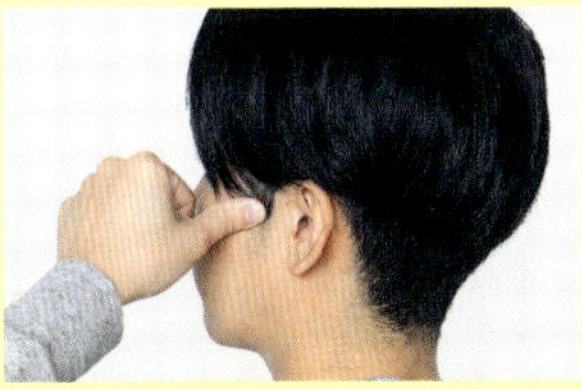

親指にしっかり力を入れて、グッと頬骨を押す。写真は「こめかみ近く」を押しているのを、後ろから見たところ。

EXERCISE 20

老けて見える頬こけ解消

3 MIN

年齢を重ねると頬がこける人がいますが、それは顔の血流悪化や筋肉の縮小が主な原因。まずはリンパの流れを改善し、筋肉の張りを取り戻します。

YouTubeの関連動画もチェック

1 胸鎖乳突筋はがし

左右30秒ずつ

鎖骨から耳の後ろまでを覆う首の大きな筋肉・胸鎖乳突筋を指でつまんでほぐす。筋肉をつかんで前後に揺らして、首の上から下まで左右30秒ずつ行う。

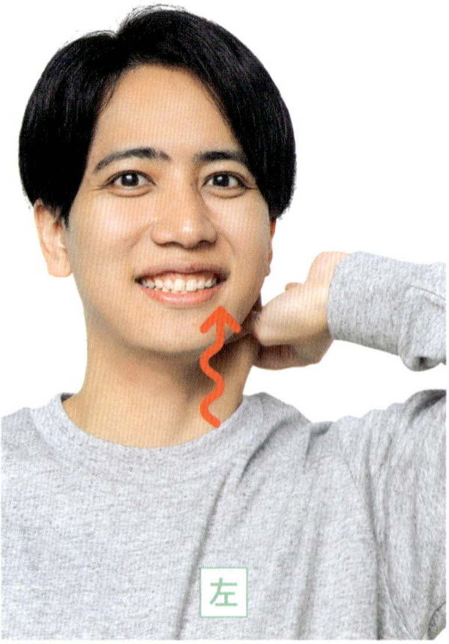

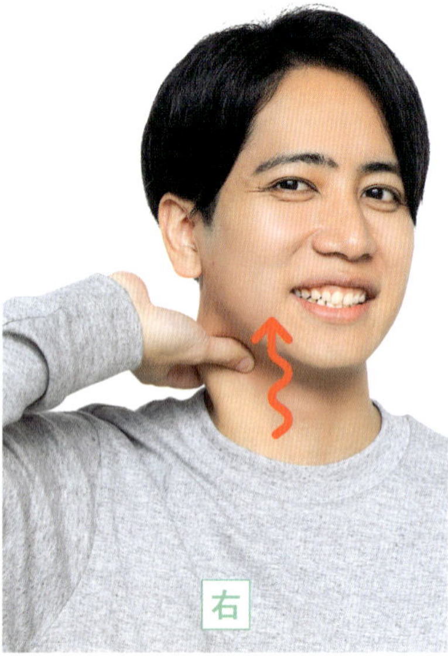

POINT

首に伸びる異なる筋肉が癒着して固まっているので、筋肉をつまんではがしていく。癒着がひどい人は最初痛いと思うので、少しずつゆっくりつまんでいくとよい。

2 60秒 耳の裏をぐりぐり指圧

耳の裏を両手の指先で10秒指圧して、一度ゆるめる。これを繰り返して、60秒間行う。左右片方ずつ行ってもよいが、その場合は1分ずつ計2分間。

POINT

耳の裏はリンパが滞りやすいところ。筋肉をほぐすと同時に、リンパを流していく。

3 60秒 頬のタッピング

頬を両手で軽く叩く（タッピング）。縮こまった頬の筋肉に張りを与える。

POINT

強く叩くのではなく、リズミカルに軽い力で頬を刺激する。手首のスナップをきかせて行うのがコツ。

EXERCISE 21

顔のむくみをとる

5 MIN

顔のむくみをとるには、顔だけではなく首回りの血行をよくすることが大切。夜寝る前やお風呂あがりに行うのがとくにおすすめです。

YouTubeの関連動画もチェック

1 首を傾けてストレッチ

左右30秒ずつ

胸鎖乳突筋を中心に首の筋肉を伸ばす。首を真横に傾けて、30秒キープする。左右両方とも行う。

POINT

手で頭を押さえて補助をすると、首筋がしっかり伸びて、キープもしやすくなる。

2 口輪筋のトレーニング

30秒

「あ・い・う・え・お」と声を出しながら、口を大きく動かす。「あ・い・う・え・お」を1セットとして10回繰り返す。

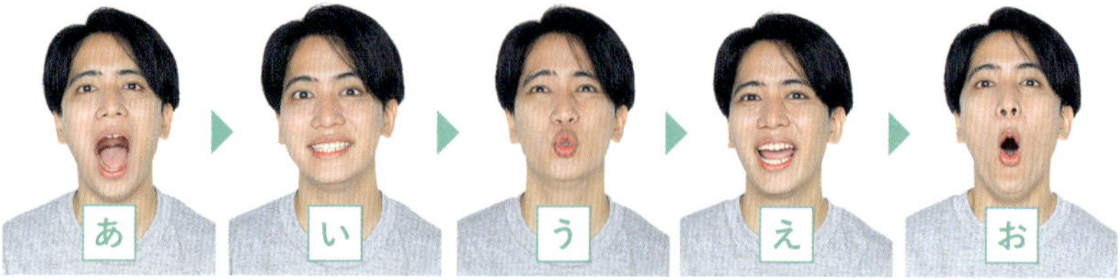

POINT

口の周りを囲んでいる筋肉・口輪筋が動いていないと効果がないので、やりすぎなくらい口を動かして。大きな声を出して行ってもOK。

3 唇を突き出して口角を上げる

左右30秒ずつ

「う」の発音の口の形にして、左側の口角を上げて30秒キープする。できるだけ唇を突き出して、口角を上げるのが理想。同様に右側も行う。

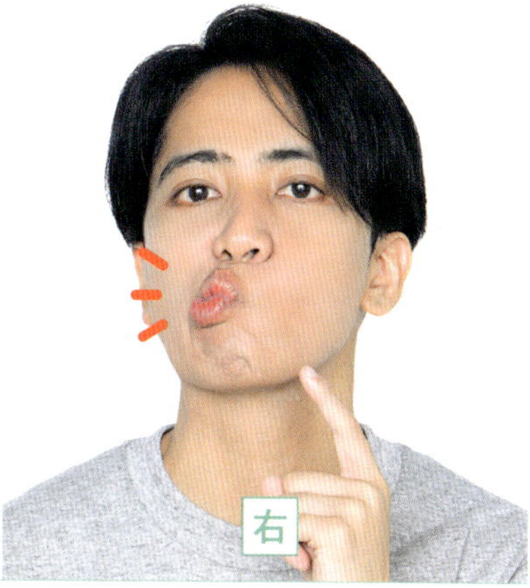

4 鼻の下をほぐす

30秒

両手の指先を鼻の下にあてて、周辺の筋肉をぐりぐりとほぐす。

5 唇の下をほぐす

30秒

唇の下に指先をあてて、周辺の筋肉をぐりぐりとほぐす。

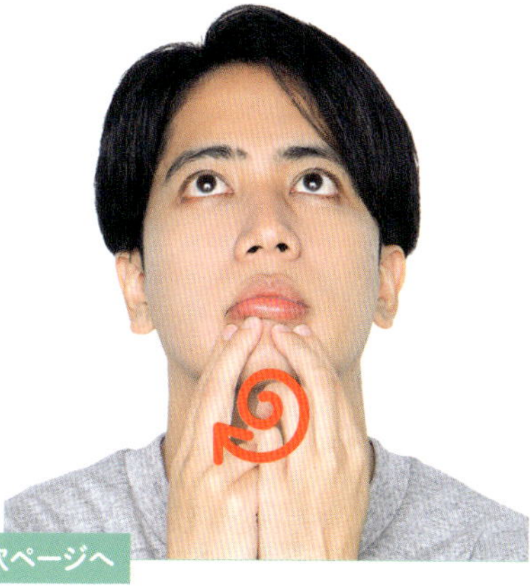

次ページへ

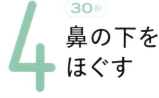

6 15秒 唇を突き出して上下運動

口を「う」の発音の形にして、突き出した唇を上下に動かす。上下1セットとして10回行う。

POINT
下を向いたときなどに、口が開かないように注意。

7 15秒 口を突き出して回す

口を「う」の発音の形にして突き出し、右回り、左回りと各5周ずつ口を回す。

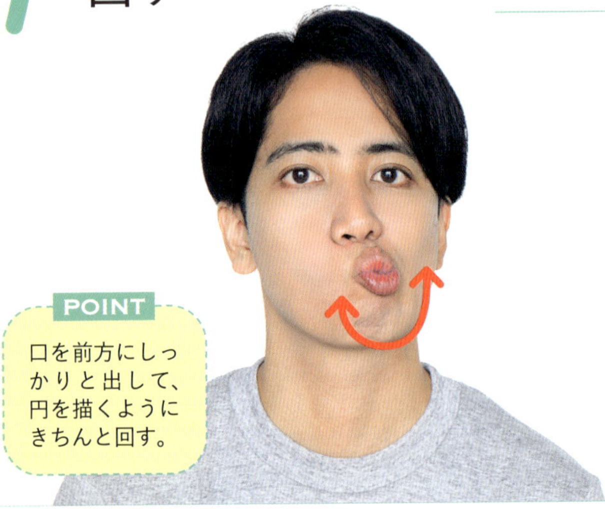

POINT
口を前方にしっかりと出して、円を描くようにきちんと回す。

8 口を閉じて口角を上げる

15秒

口を閉じた状態のまま、左右の口角を上げて15秒キープ。口をキュッと引き締めて行うとやりやすい。

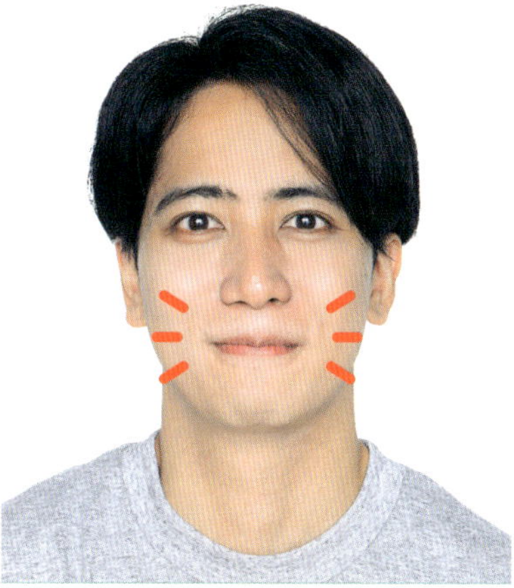

9 笑顔で口角を上げる

15秒

笑顔をつくった状態で、口角を上げて15秒キープ。鏡を見て行うとやりやすい。筋肉を大きく動かしたいので大きな笑顔で。

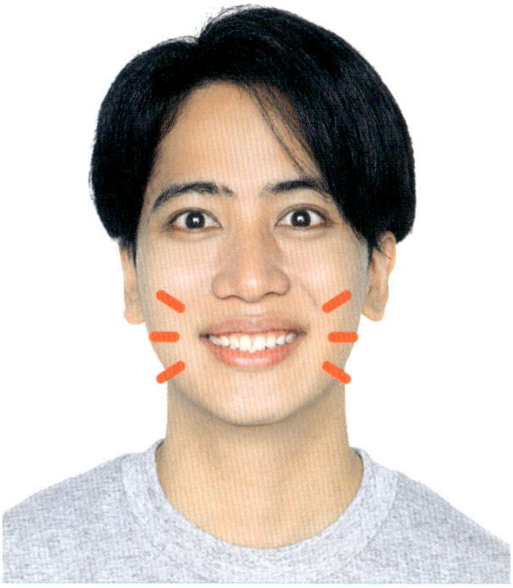

10 耳の下をマッサージ

30秒

仕上げに、耳の下に指をあててぐりぐりとマッサージ。リンパの流れをよくする。

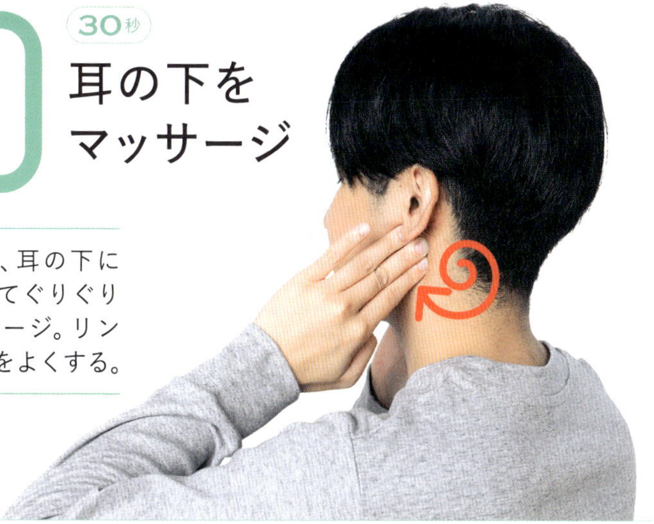

COLUMN

寝る前に頭を冷やして、脳を完全オフ

良質な睡眠は自律神経のバランスを整え、血行を促進し、アンチエイジングや美容効果につながることは今や常識と言っていいと思います。睡眠時は浅い眠り（レム睡眠）と深い眠り（ノンレム睡眠）が繰り返されていますが、このリズムが規則的であれば、よい睡眠がとれていることになります。もちろん、睡眠時間をしっかり確保することも必要で、約7時間の睡眠が標準的とされています。では、良質な睡眠をとるポイントといえば、私は「頭を冷やして寝ましょう」とサロンに来たお客様などにアドバイスしています。

脳が熱を持った状態で睡眠に入っても、疲れは回復できないのです。そのため、頭を冷やして一度脳を完全にオフの状態にします。一方で、手足は温めておくとより健康的です。「頭寒足熱」は古来より伝わる健康法ですが、これは睡眠にもあてはまります。

頭の冷やし方は、夏は冷却枕、冬は寝室の温度が暖かすぎなければ、そのままでOK。頭部が熱いと感じるなら、寝る前に冷水で濡らしたタオルなどで頭を冷やしてから寝てもよいでしょう。冷やしすぎもNGです。すっきり目覚めたあとは、1日1ケアに取り組んでください。

第3章

プラスのボディメンテで顔を引き立てる

EXERCISE 22

もっこり首、首太を解消

2 MIN

首の筋肉が固まっていたり、リンパが滞っていると
首がもっこりとして太く見えます。
首がすっきりきれいになると顔の印象もアップ。

YouTubeの
関連動画もチェック

1 胸鎖乳突筋を伸ばす

左右10秒ずつ

片手で頭を押さえて、真横に首を倒して首の筋（胸鎖乳突筋）を伸ばす。そのまま10秒キープ。反対側も同様に行う。

POINT

首を倒す方向に手で頭を軽く押すと、胸鎖乳突筋をしっかり伸ばすことができる。首の筋が伸びていることを意識して。

2 広頸筋を伸ばす

20秒

手をクロスさせて胸にあて、上を向いて首を伸ばす。手は胸を押さえ、広頸筋が伸びるようにアシスト。

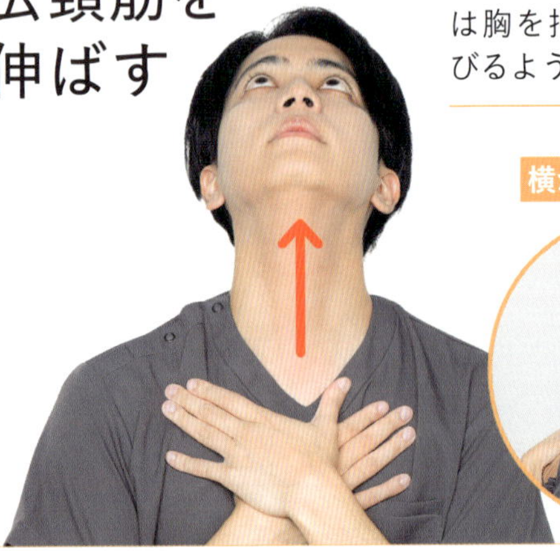

横から見たところ

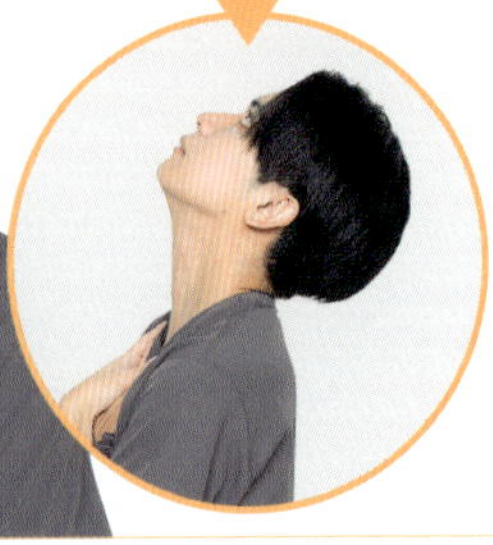

3 20秒 首の後ろの筋肉を伸ばす

両手を後頭部で組み、頭を下に向けて首の後ろの筋肉を伸ばす。

POINT
手は添えるイメージで力はあまり入れないこと。首の力で筋肉を伸ばすように。

4 30秒 肩の上げ下ろし

姿勢を正し、肩だけを3秒上げて、脱力して下ろす。これを10回繰り返す。頭が動かないように注意。

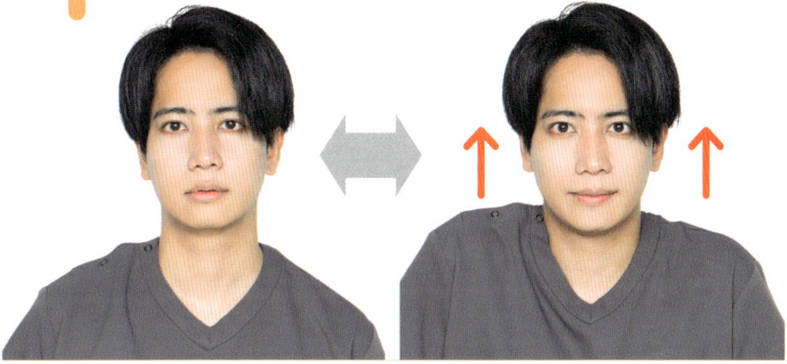

5 30秒 胸鎖乳突筋をほぐす

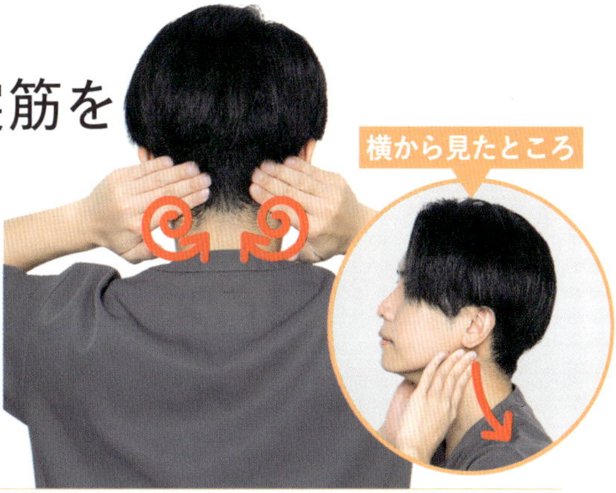

耳たぶの下から鎖骨のあたりまで、首筋を両手で上から下に指圧する。強さはイタ気持ちいい程度。

EXERCISE 23

ストレートネックを解消

3 MIN

スマホの見すぎなどで姿勢が悪化し、首の骨(頸椎)のカーブがなくなりまっすぐになった状態をストレートネックといいます。首・肩コリの原因に!

YouTubeの関連動画もチェック

1 胸鎖乳突筋をほぐす

60秒

耳たぶの下から鎖骨のあたりまで、首筋(胸鎖乳突筋)を両手で上から下に念入りにほぐしていく。

やり方は
P71の
5と同じ

2 肩を前後に回す　60秒

肩に手を置いて、その状態で腕全体を前回しにぐるぐると30秒間回す。終わったら次は、後ろ回しに30秒回す。

POINT
肩甲骨が動いていることを意識して行う。

3 首の骨を正しく矯正　60秒

タオルを首にかけて持ち、頭を少し後ろに倒す。そのままタオルを斜め上に15秒間引っ張る。力をゆるめ、これを4回繰り返す。

POINT
頭を少し倒すことにより、タオルを斜め上に引っ張りやすくなる。

× タオルを下方向に引っ張る

× タオルを真横に引っ張る

EXERCISE 24

巻き肩・猫背を正して姿勢改善

3 MIN

上半身の姿勢(骨格)が正しく矯正されると顔のケアも効果が出やすくなります。内臓の位置も改善され、代謝が上がりダイエット効果もアップ。

YouTubeの関連動画もチェック

1 腕を閉じて開く

30秒

肩に手を置いて、腕(肩甲骨)を「閉じて開く」の動きを30秒繰り返す。

POINT

左右の肩の高さを平行にして、肩甲骨が動いていることを意識する。

2 肩を上げて下げる

30秒

1のスタートの姿勢から、今度は肩の上げ下ろし。これを30秒繰り返す。頭が動かないように肩だけを動かす。

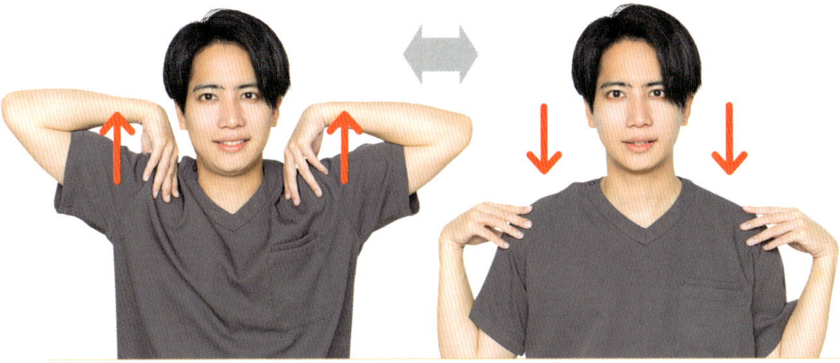

3 大胸筋《だいきょうきん》はがし

左右60秒ずつ

片手を肩に置き、置いた側の大胸筋をもう片方の手でしっかりつかむ。その状態で腕の前回しを30秒、後ろ回しを30秒行う。反対側も同様に行う。

POINT

胸の表面ではなく、その下にある大胸筋を指でしっかりつかんで腕を回し、大胸筋の癒着をはがす。

斜めから見たところ

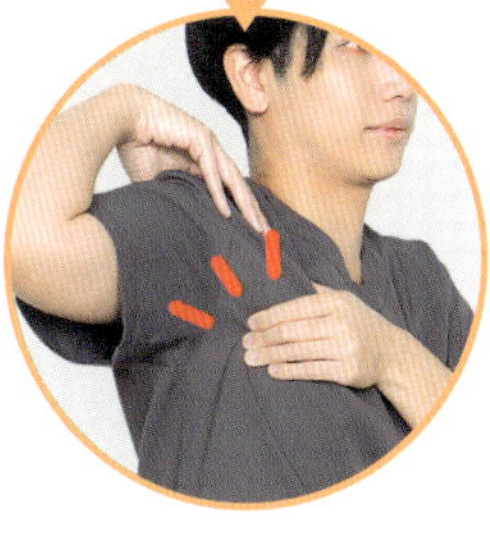

EXERCISE 25

肩コリを解消

3 MIN

肩だけでなく、その周囲の筋肉まで
ほぐすことがとても大切。ストレートネック（P72）
とあわせて改善すると、さらに効果的です。

YouTubeの
関連動画もチェック

1 「クアドリ」ほぐし

左右30秒ずつ

左側のクアドリ（腕の付け根あたり）に右手を回して、指でぐりぐりと30秒間マッサージする。右側も同様に行う。

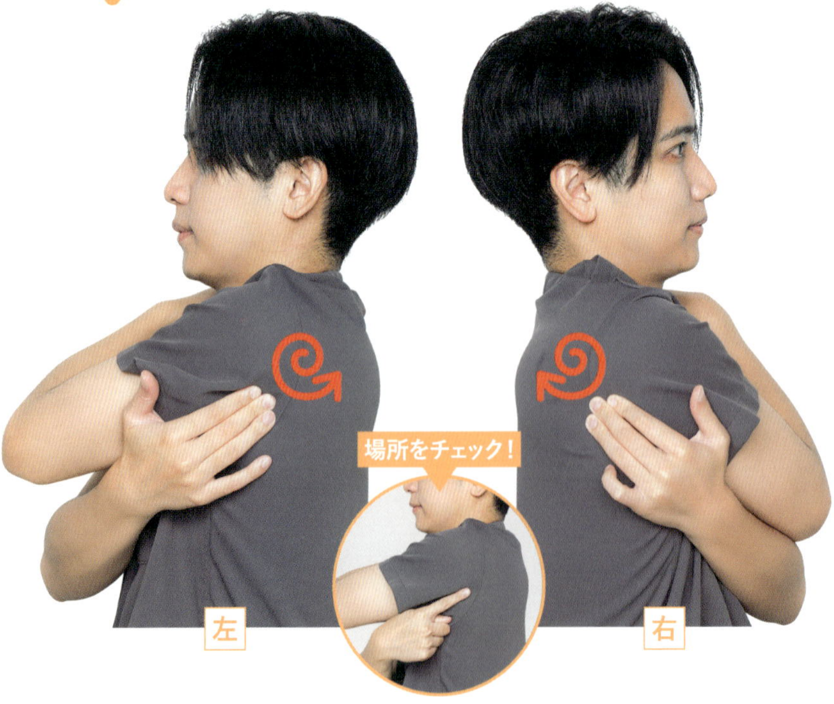

腕の外側の付け根にある、押すとちょっと痛いところ。「クアドリ」とはクアドリラテラルスペースの略で、肩の複数の筋肉の間の腋窩神経が通っている隙間のこと。周りの筋肉が硬くなると隙間が狭くなって痛みなどが出る。

2 わきの下ほぐし

左右30秒ずつ

左のわきの下を右手全体でつかみ、30秒間マッサージする。右側も同様に行う。イタ気持ちいい程度に。

POINT
わきの下はリンパが集まる部位でもあるので、筋肉をほぐすと同時にリンパの流れも促す。

3 大胸筋ほぐし

60秒

両手を胸にあて、指先で大胸筋をぐりぐりとほぐす。

痛い人は、やさしく徐々にほぐしていって

POINT
胸の筋肉は自分であまり気づいていないが、意外とコリがひどいところ。ほぐすと結構痛いはず。

EXERCISE 26

だるだる二の腕をスリムに

3 MIN

ノースリーブを着ると二の腕のたるみが気になる人も多いはず。知らないうちに脂肪がついている部位なので、上腕三頭筋の引き締めは必須です。

YouTubeの関連動画もチェック

1 上腕《じょうわん》三《さん》頭《とう》筋《きん》のストレッチ

左右30秒ずつ

左腕を上から背中に伸ばして、右手は左ひじに添える。右手で引っ張るように、左の上腕三頭筋(上肢の筋肉)をゆっくり伸ばす。伸ばし切ったところで30秒キープ。右腕も同様に行う。

POINT

手が背中につくように、きっちりと伸ばし切ること。

後ろから見たところ

2 上腕三頭筋のマッサージ

左右30秒ずつ

腕を伸ばして、もう片方の手で上腕三頭筋をつかみ、30秒間マッサージする。反対側の腕も同様に行う。

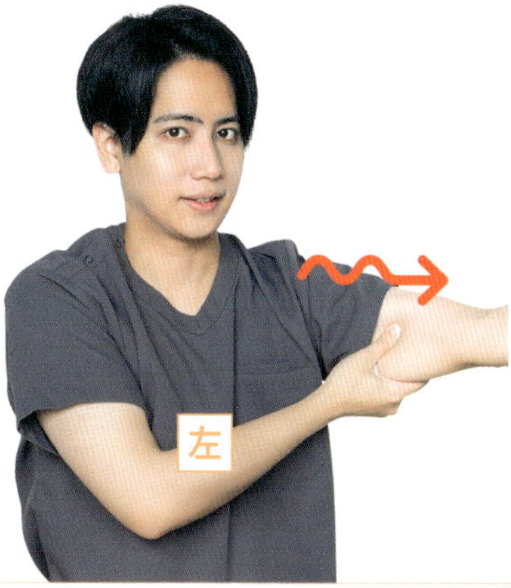

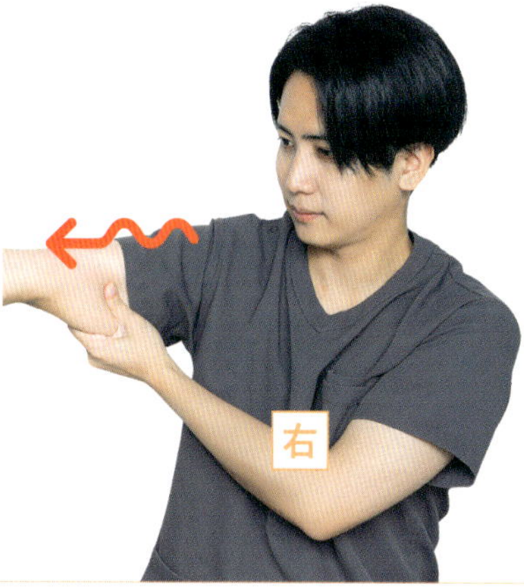

3 上腕三頭筋のプチ筋トレ

左右30秒ずつ

ひじを曲げて腕を上げ、片方の手は腕が下がらないように支える。そこから腕を伸ばして、戻すを30秒繰り返す。反対側も同様に行う。

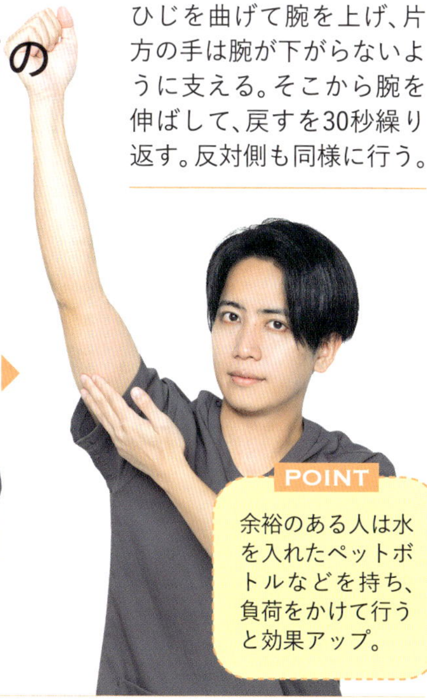

POINT

曲げたひじを思い切り伸ばし、何かを放り投げるイメージで行う。

POINT

余裕のある人は水を入れたペットボトルなどを持ち、負荷をかけて行うと効果アップ。

EXERCISE 27

ふくらはぎのモミやせ

4.5 MIN

ふくらはぎがなかなかやせない、むくみやすいという人は多いはず。ここが「やわ筋」になると全身の血流促進にもつながり、健康力もアップ！

YouTubeの関連動画もチェック

1 足首をくるくる回す

左右15秒ずつ

ひざを立てて座り、片方の足を片方のひざの上にのせる。手は後ろで支える。その姿勢で足首を左右各15秒、回す。

2 「腎臓のツボ」を指圧する

左右15秒ずつ

足裏にある「腎臓のツボ」をグーッと指圧する。反対側の足も行う。

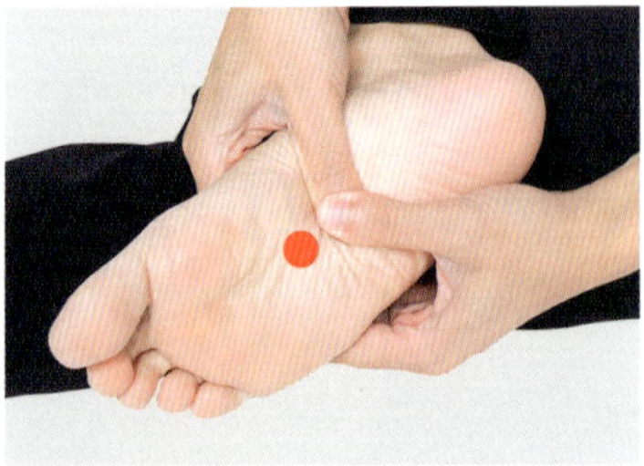

場所をチェック！

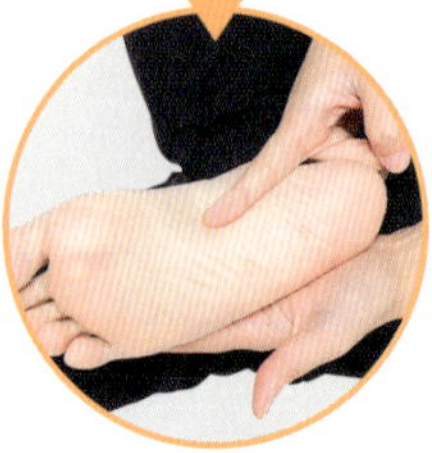

リフレクソロジーでいうところの「腎臓のツボ」は足裏の中央、土踏まず上部の位置にある。

左右15秒ずつ

3 内側のアキレス腱を指圧

アキレス腱の内側を両手の親指で、グーッと指圧する。イタ気持ちいい程度で。反対側の足も行う。

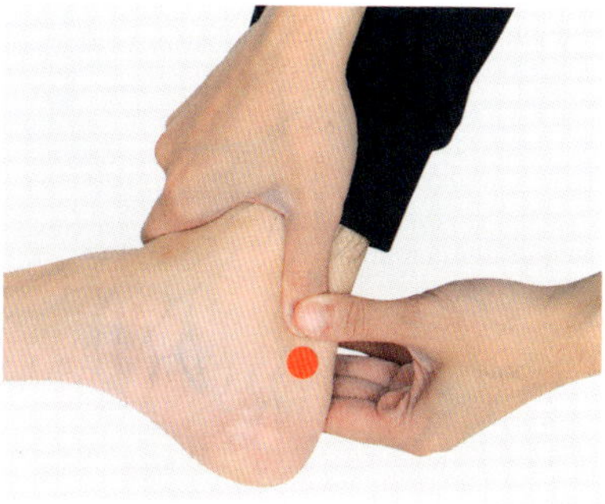

左右15秒ずつ

4 外側のアキレス腱を指圧

アキレス腱の外側を親指でグーッと指圧する。イタ気持ちいい程度で。反対側の足も行う。

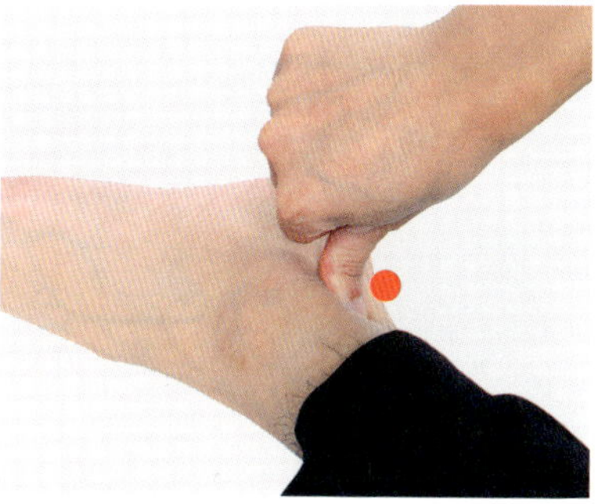

左右15秒ずつ

5 脚外側の坐骨神経を指圧

脚の外側にある坐骨神経周辺を両手の親指で指圧する。外くるぶしからその延長線上に沿って、ひざ下あたりまでを15秒かけて順に刺激する。反対側の脚も行う。

場所をチェック!

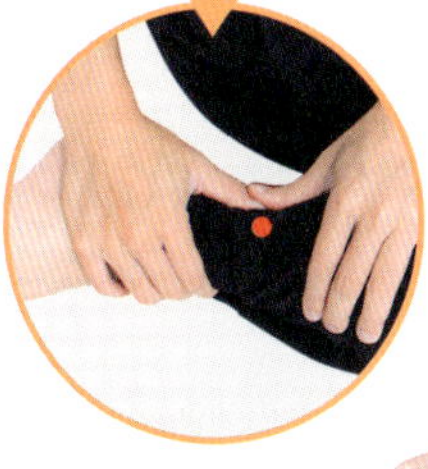

POINT

坐骨神経とは、腰の下部から伸び、臀部、脚を通り、足裏まで伸びている神経。くるぶしを目安にたどっていくとよい。

次ページへ

6 左右15秒ずつ

脚内側の坐骨神経を指圧

脚の内側にある坐骨神経周辺を両手の親指で指圧する。内くるぶしからその延長線上に沿って、ひざ下あたりまでを15秒かけて順に刺激する。反対側の脚も行う。

POINT

くるぶしを目安に、ひざに向かってたどっていくとよい。

7 左右15秒ずつ

前《ぜん》脛《けい》骨《こつ》筋《きん》を指圧する

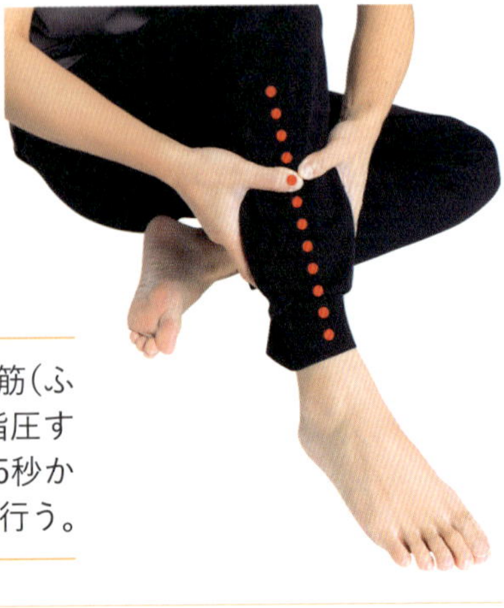

ひざから下の脚の前側の筋肉・前脛骨筋（ふくらはぎの反対側）を両手の親指で指圧する。ひざ下から足首の少し上までを15秒かけて順に刺激していく。反対側の脚も行う。

左右15秒ずつ

8 ふくらはぎの内側をマッサージ

あぐらをかいた状態から片方の脚を伸ばす。その姿勢で、ふくらはぎの内側の筋肉をひじでぐりぐりと押してマッサージする。反対側の脚も行う。

POINT

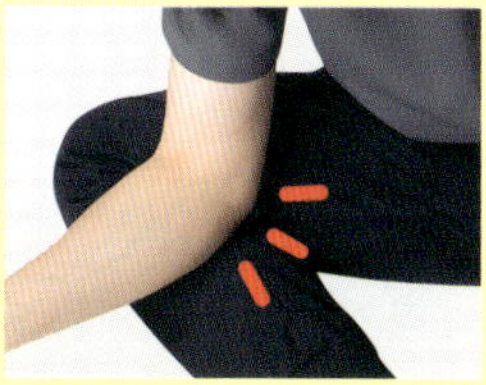

効率よくやわらかくするため、ひじを使う。圧のかかる面積も大きくなるうえ、力もかけられる。

左右15秒ずつ

9 ふくらはぎの外側をマッサージ

正座からひざを少し崩した状態で、ひじを使ってふくらはぎの外側の筋肉をぐりぐりと押してマッサージする。反対側の脚も行う。

後ろから見たところ

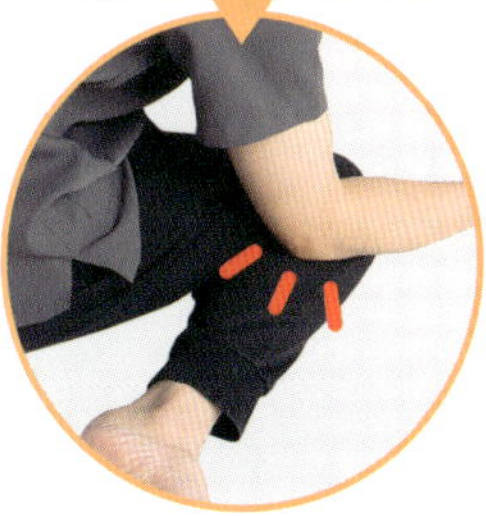

EXERCISE 28

脚をきれいに太ももすらり

3 MIN

太ももがもっこり見えるとパンツ姿も決まりません。
コリ固まった太ももの筋肉をやわらかくし、
老廃物を流して脚をきれいに見せます。

YouTubeの関連動画もチェック

1 大《だい》腿《たい》四《し》頭《とう》筋《きん》を伸ばす

左右30秒ずつ

床に座った状態で右足を前に出し、左足を折り曲げて、左の大腿四頭筋(太ももの前面にある筋肉)を伸ばす。右の太ももも同様に行う。

POINT

大腿四頭筋は大きな筋肉なので、ここが伸びると脚全体がすっきりして見える。

折り曲げたほうの脚の筋肉を伸ばします！

上から見たところ

2 左右30秒ずつ

大腿四頭筋をほぐす

床に座った状態で、両手の親指で大腿四頭筋を指圧する。両足を伸ばしても、片方のひざを曲げても、やりやすい姿勢でOK。両脚ともに各30秒行う。

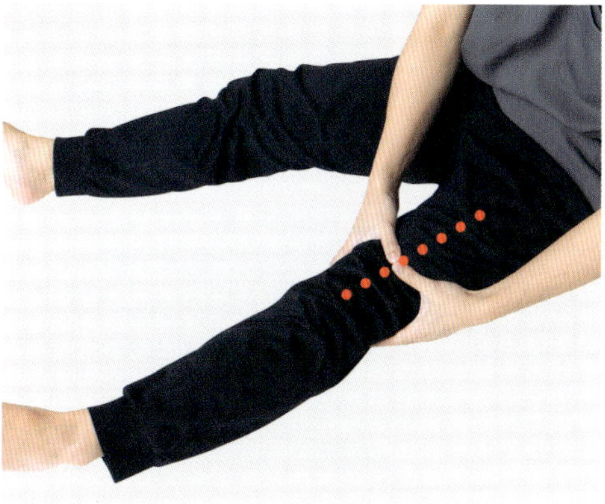

POINT

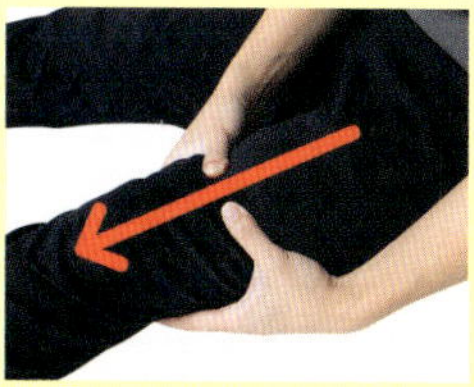

太ももを上から下に、線でつないでいくように順に押していく。

3 左右30秒ずつ

ハムストリングスをほぐす

片方の脚は伸ばし、もう片方はひざを立てる。このまま両手を使って、太ももの後ろの筋肉・ハムストリングスをほぐす。両脚ともに各30秒行う。

POINT

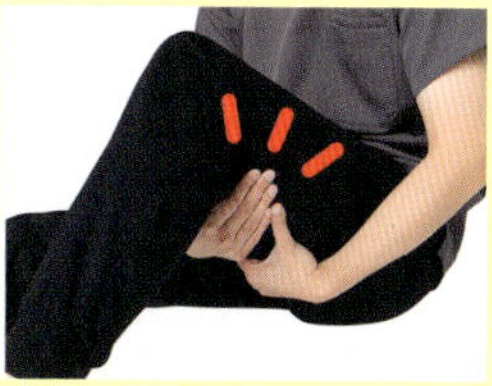

お尻下からひざ裏まで順に、両手で筋肉をギュッギュッと大きくつかんでいく。イタ気持ちいい程度に。

EXERCISE 29

カエル足でお腹やせ

3 MIN

お腹の脂肪を解消すると同時に、脚の形も
きれいになるという一石二鳥のメソッドです。
少しきついですが、自分のペースで続けてみて。

YouTubeの
関連動画もチェック

1 カエル足にして腰の上げ下ろし

60秒

仰向けになり、ひざを曲げて両足の裏を合わせる(カエル足)。その体勢のまま腰を上げて、下ろす。これを60秒繰り返す。手の位置はどこでもOK。

POINT

両足の裏をぴったりとくっつけていないと、腰を上げたときに体勢が崩れてしまうので注意。

チャレンジ!

腰を上げて2秒ぐらい姿勢をキープしてから下ろすと、より効果的。

2 60秒 カエル足にして足の上げ下ろし

1のスタートの体勢に戻り、今度はカエル足のままで足を上げて、下ろす。これを60秒繰り返す。

POINT
足の裏同士はつけたままで、離さないように。

3 30秒 カエル足にして足上げキープ

2の足を上げた体勢で30秒キープ。

4 30秒 カエル足にして首上げキープ

カエル足の体勢のまま、首を持ち上げて30秒キープ。

POINT
首を持ち上げる高さはできる範囲でOK。腹筋を刺激できていればよい。

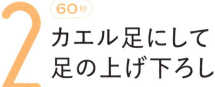

EXERCISE 30

絶対やせる！最強の腹筋をつくる

3.5 MIN

腹筋を集中的にいじめるメソッド。これをやれば
お腹やせどころか、絶対にシックスパックの腹筋に。
理想は、これを3セット。チャレンジしてみて！

YouTubeの
関連動画もチェック

1 手を伸ばして背伸び

30秒

床またはイスに座って、指を組んだ状態で手のひらを真上に向けて伸ばし、背中もまっすぐ伸ばす。

2 上体を左右に倒して背伸び

左右15秒ずつ

1の体勢から上体を左に倒して、右サイドの筋肉を15秒間伸ばす。同じように右に倒す。

右

左

3 30秒 座った状態で腹筋

手を首の後ろで組み、座った状態のまま上体を前に倒して腹筋を30秒間行う。

POINT
頭を下げる位置はできる範囲でOK。腹筋が引き締まっていることを意識する。

4 30秒 両足を上げてキープ

床に座った状態で足を揃えて上げる。この姿勢で30秒キープ。両手で体を支える。

POINT
脚を上げる高さはできる範囲でOK。足先をグイっと持ち上げるイメージで。

次ページへ

5 30秒 足を上げて空中屈伸

4の体勢で両足を持ち上げたまま、ひざを曲げて伸ばす屈伸運動を10回行う。両足はピタリと揃えたままで。

6 30秒 空中で自転車こぎ

仰向けになって手を首の後ろで組み、脚を交互に伸ばす。空中で自転車をこぐイメージ(バイシクル運動)。左脚を曲げたときは右ひじを下げ、右脚を曲げたときは左ひじを下げて、体をひねる。これを30秒行う。

POINT

脚の上げ方、交互に伸ばすスピードはできる範囲でOK。

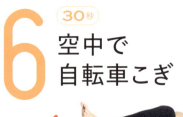

7 30秒 脚を上げて空中でクロス

床に座った状態に戻り、両脚をクロスさせて、開いて閉じてを繰り返す。脚は床につけないで30秒行う。

2セット目、3セット目は下記の番号のエクササイズを変更して、変化をつけてもよい。

4 クロス腹筋

上体を左右交互に倒して腹筋。右ひじを左ひざに、左ひじは右ひざに近づけるように行う。

5 片脚上げ

片方の脚だけを上げて、そのままキープ。この場合は左右15秒ずつにする。

6 もも上げ

ひざを曲げた状態で脚を持ち上げて15秒キープ。反対側の脚も同様に行う。

EXERCISE 31

眠気をとばして集中力アップ

3 MIN

手には脳を刺激するツボがたくさんあります。
仕事や家事の隙間時間、朝起きたときなどに行うと、
頭がすっきりして効率もアップするはずです!

YouTubeの
関連動画もチェック

1 手のひらの中央を指圧

左右30秒ずつ

手のひらの真ん中を親指でグーッと指圧する。イタ気持ちいい程度に強く各30秒間押す。

POINT

親指と残りの4本指で手のひらを挟み込むと、強めに押すことができる。

小顔
目
鼻
口回り
フェイスライン
首
肩回り
腕
脚
お腹
その他

2

左右30秒ずつ

中指の「中衝《ちゅうしょう》」を指圧

中指の先にあるツボ「中衝」を刺激する。もう片方の親指、人差し指で挟むように各30秒間押さえる。

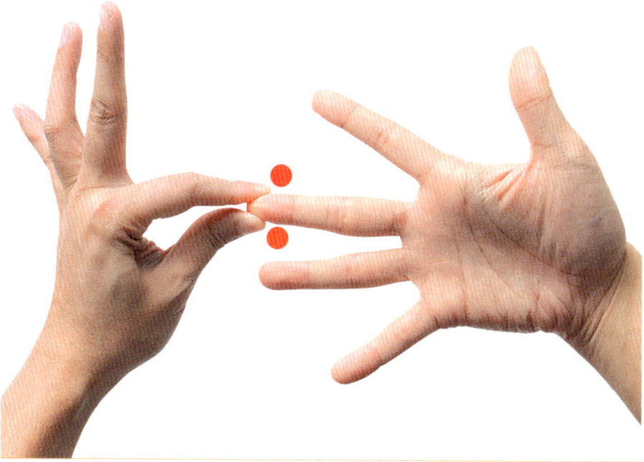

場所をチェック!

中指の爪の生え際、人差し指よりにあるツボ。血行をよくし、リラックス効果がある。

3

60秒

こめかみを親指で指圧

こめかみの周辺を、両手の親指で場所を変えながら指圧する。

POINT

こめかみの近くには「太陽」というツボがあり、目の疲れを改善する効果などがある。目のクマの解消にもおすすめ。

EXERCISE 32

骨盤矯正で代謝をアップ

3 MIN

骨盤がゆがんでいると代謝が下がり、太りやすい体質になります。また全身の骨格にも影響するので、何か症状が出る前に改善しておきたい部位です。

YouTubeの関連動画もチェック

1 ひざを上下に揺らす

20秒

あぐらを組んだ状態で足裏をくっつける。足が動かないように手で押さえ、ひざを上下に揺らす。

POINT
リズミカルに軽く揺らすように、股関節からひざを動かす。

2 足を大きく回す

左右20秒ずつ

仰向けになって片足を股関節から大きく外側に回す。もう片方の足も同様に行う。左右10秒ずつ。終わったら内側に大きく足を回す。左右の足10秒ずつ。

POINT
股関節を動かしたときにボキボキと音が鳴る人は骨盤がゆがんでいる証拠。平泳ぎの動きをイメージして、滑らかに足を動かす。

小顔
目
鼻
口回り
フェイスライン
首
肩回り
腕
脚
お腹
その他

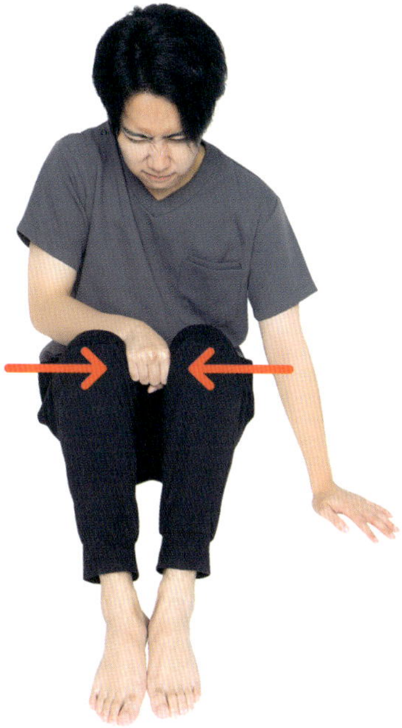

3 30秒 ひざを内側に閉める

ひざを立てて座り、両足を揃える。拳をひざの間に挟み、拳をギュッと潰すイメージでひざを内側に閉める。

POINT

拳の代わりに丸めたタオル、クッションを使うとやりやすい。股関節もあわせて引き締めるイメージで。

4 30秒 ひざを外側に開く

3の体勢で今度はひざを外側に開く。脚が開かないように、両手でひざを押さえる。

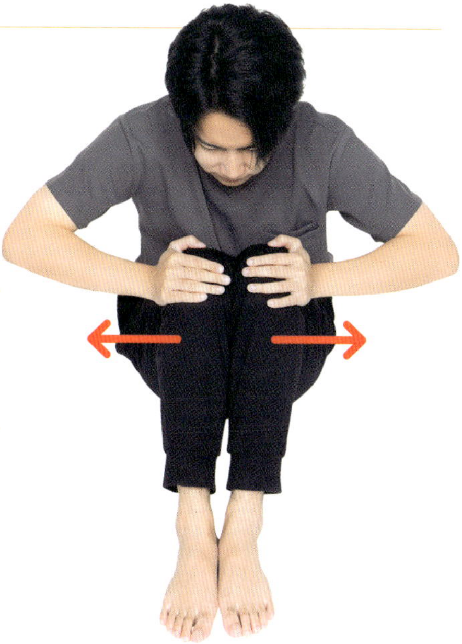

5 60秒 3、4をもう一度繰り返す

POINT

押さえ込んだ手に負けないよう、ひざを開くように力を入れる。手で押す力はひざが開かないように拮抗させる。

COLUMN

骨格をゆがめる「体の動かし方」を改める

姿勢が悪かったり、体の骨格がゆがんでいると顔の骨格にも影響を与えます。また、顔をいくらケアしても、姿勢が悪いと効果も表れにくくなります。すなわち、「コンプレックス解消のスタート地点は、まず姿勢から」なのです。姿勢が悪いとその無理な姿勢を保とうとして筋肉や骨に負担がかかり、健康も害します。

姿勢をよくするためには、日常生活の動きを変える必要があります。骨格をゆがめる原因となっている、体の動かし方のクセを改めるようにしましょう。まず実践したいのは「イスに座るときは足を組まない」こと。長い時間足を組むと、骨盤がずれたり、ゆがみます。すると、背骨も曲がって猫背の要因になります。

家事のときに気をつけたいのは、片足に体重をかける「立ち方」です。洗濯物を干すときや掃除、料理などをするときは両足に体重をかけて立ちましょう。

また、スマホの見すぎも姿勢を悪くします。同じ姿勢で小さな画面を見続けてしまうと、肩がすぼまって巻き肩になったり、首がストレートネックになるので、合間合間に休憩時間を意識的にとってください。

第4章

理想の顔に
セルフ整形
プログラム

エクササイズを組み合わせて「おうちエステ」ケアを継続するコツとポイントは？

この章では、１～３章のエクササイズを効果的に組み合わせる方法を紹介します。まず次項からは、「１か月プログラム」と「長期プログラム」です。

１日１ケアなら何とかできそうだけど、複数のエクササイズをきちんと時間をとって実践して、それを続けるのはなかなかハードルが高いと感じる方も多いと思います。続けるのがむずかしそうなことを実践してもらうのは、サロンに勤める私たちの大きな課題です。私たちがどんなに施術しても、お客様が通院や自宅でのセルフケアを継続してくれないと理想の結果は得られません。

お客様のニーズを承り、脱落することなく一緒にゴールに向かっていくことが私たちにとっての願いでもあるのです。

継続のポイントは**ちょっとしたことでも、とにかく自分を「ほめる」こと。**些細なことでもほめてほめて、ほめまくって、モチベーションを上げることに限ります。実際の店舗でも、初めてのお客様が来店したときは、「サロンに来る」という行動、その決意をまずほめて、やる気になってもらいます。セルフケアの場合は、1日実行したらまずその行動をほめて、続けるたびに「私ってすごい」と自画自賛しましょう。そして、少しでも体に変化が表れたら、その日はおいしいものを食べるなど自分へのご褒美を忘れないようにします。

何より、ケアを続けて効果が見えたことがとてもうれしい事実となって、さらなるやる気につながるはずです。大人になったら、ほめられることってあまりないですよね。その成功体験をほめて、自信に変えてください。

あと、目標のメニューがこなせなくても**「ここまでやれてよく頑張った。また明日がんばろう」とプラス思考で考えましょう。**自分ができる範囲で、とにかく休み休みでも続けることが、本当の継続につながっていきます。自分のペースでいいんです！

1か月プログラム

筋肉の柔軟性の変化を感じて！

1つのエクササイズだけを続けるのもいいですが、いくつか組み合わせて行うと効果はより表れやすく、定着します。ここでは、スタンダードな組み合わせ方を紹介。「計9分＋α」なので、時間をとって1か月続ければ、顔と体に変化がきっと見られるはずです。

1 巻き肩・猫背を正して姿勢改善

▶P74

肩甲骨と大胸筋をしっかりとほぐすことを意識して、巻き肩や猫背を改善して上半身の姿勢を整える。頚骨、背骨のゆがみを矯正することで、次の「顔」のエクササイズの効果もアップする。

POINT

エクササイズを組み合わせる場合は、下半身→上半身→顔というように顔から遠い部位の順にスタートするのが基本。

2 頬やせで小顔に

▶P18

顔の輪郭を整える基本エクササイズ。頬をすぼめたり、舌を大きく動かして頬回りの筋肉をやわらかくしていく。ほうれい線を改善する効果もあり。

3 顔のゆがみを矯正

▶P26

表情筋を刺激したあとは顔全体のゆがみを矯正。P10で顔の左右どちらがゆがんでいるかチェックしてから行う。顔のゆがみは「たるみ」の原因になり、多くの悩みのモトになるので要改善。

4 顔のパーツで気になる箇所をケア

▶2章からセレクト

POINT

4の項目は毎日同じエクササイズを続けて行っても、違うエクササイズに変えてもよい。

仕上げは、自分の顔でコンプレックスになっているパーツをケア。やりたいエクササイズを1つだけでもいいし、時間の余裕があれば複数行ってもOK。

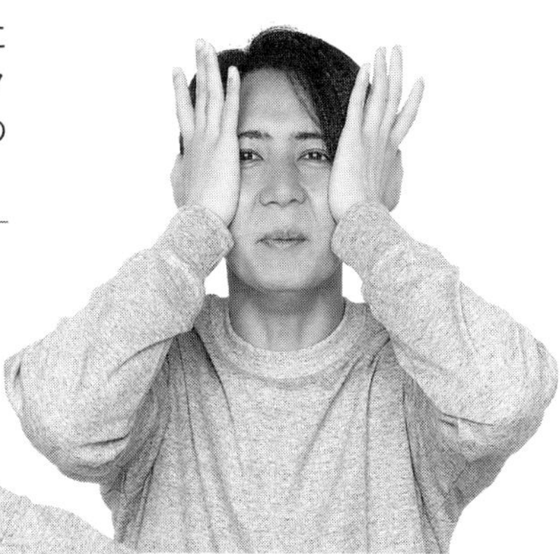

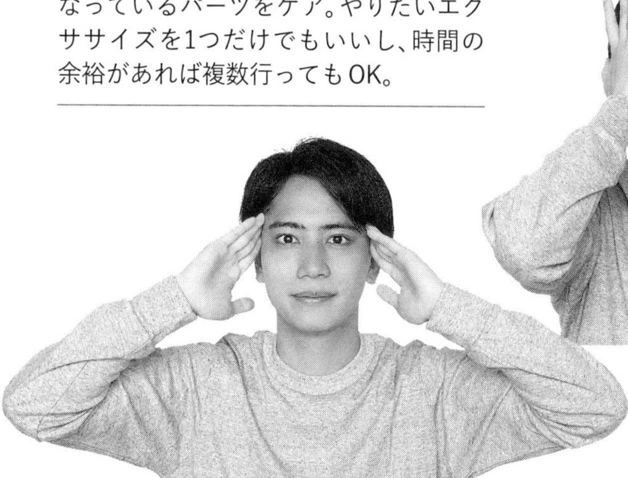

半年～1年の長期プログラム

ゆがみ、柔軟性の矯正を定着！

エクササイズを2～4か月間続ければ効果の戻りが遅くなり、半年以上続ければ、ゆがみなどの顔の骨格矯正が定着してきます。効果が実感できるようになると、「やる気」も湧いてきて自然に継続できるようになります。ケアを行うのが、楽しくなるはずです。

1 顔以外で気になる箇所をケア

▶3章からセレクト

3章の中から1つ選んでもいいし、時間の余裕があれば複数選んでもOK。毎日同じエクササイズを続けて行っても、違うエクササイズに変えてもよい。

POINT

複数のエクササイズを行う場合は、足→お腹→腕→肩など体の土台部分となる顔から遠い部位から始める。

2 フェイスラインで気になる箇所をケア

▶1章からセレクト

POINT

1か月続いたら、次は3か月の継続を目指して！　習慣化できれば半年、1年も「無理な目標」ではなくなるはず。

1章の中から1つ、または複数選んで顔の形＆骨格の気になる箇所をケア。毎日同じエクササイズを続けて行っても、違うエクササイズに変えてもよい。

3 顔のパーツで気になる箇所をケア

▶2章からセレクト

POINT

1年近く継続できたなら、あとは2～3日に1ケアや1週間に1ケアなど、少し間隔を空けても効果は継続されやすくなる。

2章の中から1つまたは複数選んで、気になる顔のパーツをケア。毎日同じエクササイズを続けて行っても、違うエクササイズに変えてもよい。1日続くごとに、自分をほめてあげて。

あなたの顔の形はどのタイプ？

ゴール（未来）を想像して理想に近づく

私たちのサロンではお客様がどのような顔の輪郭をしているのか、来店いただいたら最初にまず確認します。顔のタイプを把握してフェイスラインを整えていくことは、顔のケアの基本であり、お客様の悩み（コンプレックス）を解決する近道になるからです。それは、セルフケアの場合でも同じです。

顔の形は、次の４つに大別されます。

❶四角形　❷ベース形　❸ダイヤ形　❹たまご形（楕円形）　です。

多くの方は加齢や骨格のゆがみなどで、どこかしらの輪郭が崩れがちです。自分が気になっているフェイスラインの乱れを把握して、ケアをするとよいでしょう。それぞれのタイプの特徴を挙げると、「四角形」は頭が大きく見えがちな人、「ベース形」はエラ回りが目立つ人、「ダイヤ形」は頬骨が張っている人などになります。「たまご形」は理想的な顔の形に近いので、気になっている顔のパーツをエクササイズしていきます。

コンプレックスは人によって違うもの。はたから見て完璧という方でも何かしらの悩みがあるものです。今、自分が気になっているコンプレックスは何なのか、写真などを撮って客観的に把握してみてください。次ページからは、顔のライン別におすすめのプログラム（エクササイズの組み合わせ）を紹介しています。

年齢を重ねると、どうしても顔の筋肉が衰えて、たるんできます。サロンでも、40代以降のお客様の悩みは「たるみ」が多くなってきます。**筋肉はいくつになってもやわらかく引き締めることができ、エクササイズの効果は必ず表れます。**

コンプレックスが1つなくなるだけで気持ちはがらりと変わります。どんな顔になりたいか、理想の自分になった未来を想像してください。そのゴールを目指して、エクササイズを続けていきましょう。

顔のタイプ別プログラム 01

「四角形」フェイスラインを矯正

SQUARE TYPE

顔の輪郭が「四角形」タイプに見えるのは、頭の大きさと、エラが目立っているためです。フェイスラインも直線的な印象になっているので、下記のエクササイズの順に表情筋をやわらかくして、丸みのある見た目に改善していきます。

1 頭の形を整える（P24）

▼

2 エラ張りを解消（P20）

▼

3 頬やせで小顔に（P18）

▼

4 口回りの脂肪を落とす（P48）

POINT

ストレスが続くと筋肉が緊張して硬くなるので、リラックスする時間を意識的につくる。

頭回りの筋肉が張っていると頭が大きく見えてしまうので、最初に前後左右から後頭部を引き締め、ほぐします。次に、エラ、頬、口回りの順にエクササイズして顔の下部を引き締めます。頭の上部と下部を集中的にケアすることで、輪郭が改善されます。

顔のタイプ別プログラム 02

「ベース形」フェイスラインを矯正

BASE TYPE

輪郭が「ベース形」タイプに見える要因は、張ったエラとシャープなあご。頬骨が高くなっているのも特徴です。あご先に向けて顔が細くなっているので、実際より顔が大きく見えてしまうという悩みも。下記の順にケアして、輪郭を改善します。

1 エラ張りを解消（P20）

▼

2 頬骨を矯正（P60）

※平顔の悩みを解消

▼

3 あごをシャープに短く（P28）

▼

4 頬やせで小顔に（P18）

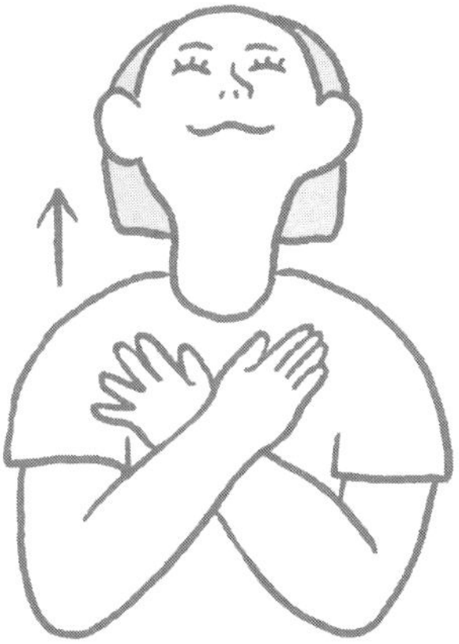

POINT

あご周辺のケアは、首回りのリンパの流れをよくして老廃物を流すことが大切。

咬筋がコリ固まって、エラが目立っているのを解消します。平顔と「ベース形」のフェイスラインは関係ありませんが、高くずれた頬骨を押し込み低く矯正することで、とがった印象の顔先を改善します。仕上げに頬やせをすることで、顔全体を引き締めます。

顔のタイプ別プログラム 03

「ダイヤ形」フェイスラインを矯正

DIAMOND TYPE

「ダイヤ形(ひし形)」タイプの人はあごがシャープで、頬骨が張り出して見えるのが特徴。頬骨を目立たなくして、丸みのある顔の輪郭に変えていきます。顔が縦に長く見えがちなので、「面長の解消」エクササイズもあわせて行います。

POINT

余裕がある人は、これに「頬やせ(P18)」を加えるとさらに効果的。

1 頭の形を整える(P24)

2 あごをシャープに短く(P28)

3 面長の顔を解消(P22)

4 口回りの脂肪を落とす(P48)

頭の形、あご先を整えることで、顔に丸みを与えます。顔が長く見える要因に、意外ですが噛み合わせの悪さがあります。片噛み、強い咀嚼など、あごに負担をかける噛み方はやめて、軽く噛んで食べるようにします。

顔のタイプ別プログラム 04

「たまご形」フェイスラインを矯正

EGG TYPE

卵のように全体的に曲線があり、縦に長い楕円形のようなフェイスライン。一般的に理想的なフェイスラインとされています。この輪郭を維持するように、頬回りに脂肪がつかないように気をつけ、あとは悩みのある目・鼻・口をケアします。

1 頬やせで小顔に（P18）

▼

2 顔のパーツで気になる箇所をケア

（2章からセレクト）

▼

3 顔のパーツで気になる箇所をケア

（2章からセレクト）

POINT

顔のパーツのケアを行う数は2つとしているが、自由に変更してもOK。増やしてもいいし、時間がないときは1つでもよい。

顔のダイエットをベースにして、悩みのあるパーツを改善していきます。ケアを怠って、たるみやゆがみが出てくると、せっかくきれいな楕円形が崩れてきます。定期的なケアを忘れないように、フェイスラインを維持しましょう。

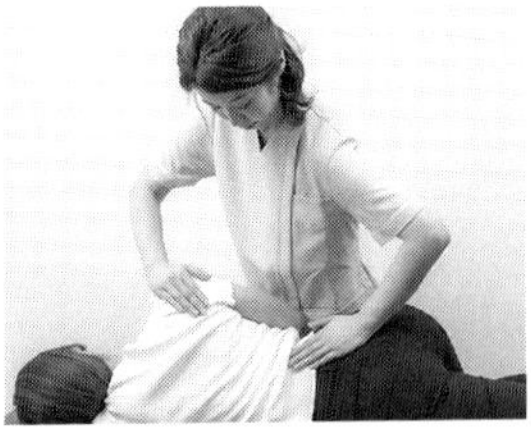

今までにない「小顔矯正」と「骨盤矯正」を組み合わせた美容整体

プラスフィール

https://kirei-select.com/

専門分野から発展させた頭蓋骨アプローチや筋膜アプローチで的確な施術を行います。「骨盤矯正」と「小顔矯正」を必ずセットで行うことで整体院とエステサロンに行くよりも通う回数や時間を大幅に軽減できるので、トータルの料金面や時間、手間が1回で済んで楽ということから、多くの患者様に喜んでいただきリピート率は90%以上を維持しております。

東京都

プラスフィール吉祥寺店

東京都武蔵野市吉祥寺南町1-9-5
レンツェン吉祥寺403号室
TEL:050-1721-4049
営業時間10:00～20:00

プラスフィール人形町店

東京都中央区日本橋富沢町5-10
月村マンション28-202号室
TEL:03-6810-8819
営業時間10:00～20:00

プラスフィール八王子店

東京都八王子市東町1-11
クイーンズビルII 6F
TEL:042-610-2186
営業時間10:00～20:00

プラスフィール高田馬場店

東京都新宿区高田馬場1-28-18
和光ビル505号室
TEL:050-7116-6172
営業時間10:00～20:00

プラスフィール恵比寿本店

東京都渋谷区恵比寿西2-1-7
ミツワＭＳ502号室
TEL:050-3185-3813
営業時間10:00～20:00

プラスフィール五反田店

東京都品川区西五反田2-13-5
豊三西五反田ハイツ803号室
TEL:03-6420-0088
営業時間10:00～20:00

プラスフィール中目黒店

東京都目黒区上目黒3-6-22
シティーコープ平沼504号室
TEL:050-1809-4578
営業時間10:00～20:00

プラスフィール錦糸町店

東京都墨田区錦糸町3-7-11
メゾン・ド・ファミール606号室
TEL:080-6587-7010
営業時間10:00～20:00

プラスフィール春日井店

愛知県春日井市八光町1-17-2
ハートピア八光2F
TEL:050-3198-9268
営業時間10:00～20:00

プラスフィール栄店

愛知県名古屋市中区栄3-12-6
ライオンズマンション栄414号室
TEL:050-3161-2431
営業時間10:00～20:00

岐阜県

プラスフィール岐阜店

岐阜県岐阜市東栄町3-5 東栄ビル2F
TEL:050-3196-4395
営業時間10:00～20:00

プラスフィール大垣店

岐阜県大垣市高屋町 1 -150-3
エイゲンビル2F
TEL:050-3196-4320
営業時間10:00～20:00

兵庫県

プラスフィール姫路店

兵庫県姫路市駅前町345
みき正駅前ビル5F
TEL:050-3196-4370
営業時間10:00～20:00

プラスフィール神戸三宮店

兵庫県神戸市中央区三宮町3-9-7
アシールビル2F
TEL:050-3198-9191
営業時間10:00～20:00

神奈川県

プラスフィール藤沢店

神奈川県藤沢市鵠沼石上1-4-3
藤沢23ビル301号室
TEL:050-3196-4913
営業時間10:00～20:00

プラスフィール横浜店

神奈川県横浜市西区北幸2-14-8-2F
TEL:03-6805-0297
営業時間10:00～20:00

プラスフィール川崎店

神奈川県川崎市幸区柳町24-1
FinS CROSS KAWASAKI 502号室
TEL:050-1720-1647
営業時間10:00～20:00

愛知県

プラスフィール名駅店

愛知県名古屋市中村区名駅3-23-6
第2千福ビル8F
TEL:050-1807-1401
営業時間10:00～20:00

プラスフィール豊田店

愛知県豊田市神田町1-1-1
西山地産ビル4F
TEL:050-1807-0450
営業時間10:00～20:00

プラスフィール稲沢店

愛知県稲沢市治郎丸大角町26-1
シーズンコート稲沢201号室
TEL:052-526-1526
営業時間10:00～20:00

PROFILE

松田龍逸（まつだ りゅういち）

整体師。YouTube、TikTokなどSNSでセルフケア術を発信。22万人超が登録するYouTube『松田さんの毎日セルフケア』（www.youtube.com/@mainichiseitai）は、一動画1500万回以上の再生数を記録するなど人気動画となっている。現在は、東京、兵庫、愛知などで美容改善ラボ「プラスフィール」を運営中。

STAFF

デザイン／金井久幸＋川添和香（TwoThree）
撮影／有馬貴子
イラスト／尚味
編集協力／内山賢一
校正／滄流社
協力／株式会社BitStar
編集担当／飯田祐士

「やわ筋」小顔矯正メソッド

著　者	松田龍逸
編集人	束田卓郎
発行人	殿塚郁夫
発行所	株式会社主婦と生活社

〒104-8357
東京都中央区京橋3-5-7
TEL.03-3563-5129（編集部）
TEL.03-3563-5121（販売部）
TEL.03-3563-5125（生産部）
https://www.shufu.co.jp

製版所	東京カラーフォト・プロセス株式会社
印刷所	共同印刷株式会社
製本所	共同製本株式会社

Ⓡ本書を無断で複写複製（電子化を含む）することは、著作権法上の例外を除き、禁じられています。本書をコピーされる場合は、事前に日本複製権センター（JRRC）の許諾を受けてください。また、本書を代行業者等の第三者に依頼してスキャンやデジタル化をすることは、たとえ個人や家庭内の利用であっても一切認められておりません。
JRRC(https://jrrc.or.jp/)
Eメール：jrrc_info@jrrc.or.jp
電話：03-6809-1281）

落丁、乱丁がありましたら、お買い上げになった書店か小社生産部までお申し出ください。お取り替えいたします。

Ⓒ Ryuichi Matsuda 2025 Printed in Japan

ISBN978-4-391-16415-2